たった1分

「坐骨回し」で下半身からやせる！

南雅子

「整体エステGAIA」「整体エステ協会」主宰
カイロプラクティック・整体師／美容家

はじめに

みなさんは、椅子に座るとき、自分の姿勢を意識していますか？　姿勢のことなんて何も考えずに座っているか、なんとなくラクだと思う姿勢をとっているという人が、ほとんどではないでしょうか。

現代人は多くの時間を座って過ごしています。仕事はデスクワークが中心ですし、家でも外でもパソコンやスマートフォン、携帯ゲームなどに没頭しています。その間、ずっと座り続けているのです。

こうした**日常的に繰り返している〝座る〟という動作が、じつは美しいボディラインを崩してしまう原因になっています。姿勢を意識せずに座り続けている人は、まずお尻や腰まわりが太くなって、ウエストのくびれが失われていき、下半身から太ってしまう。**そのまま、放っておくと内臓が下垂して、お腹も張り出し、気づくと上半身まで樽みたいな寸胴体型になってしまうのです。

このような〝座り太り〟を改善するために、美容家として約40年、延べ12万人の施術を行ってきた私が注目したのが**「坐骨」**です。

骨盤を構成する左右一対の小さな「坐骨」が〝座り太り〟を防止するだけでなく、下半身を引き締め、上半身までキレイなボディラインをつくるカギなのです。

座っているときに「坐骨」が正しい位置にあれば、体は太くなってはいきません。しかし、多くの人は「坐骨」が正しい位置からズレています。その結果、体は歪んでしまい、どんどん太ってしまいます。

そこで、ご紹介したいのが「坐骨回し」。たった1分で「坐骨」を整えるエクササイズです。**「坐骨回し」を覚えれば、〝座り太り〟だった体が変わります。**しなやかでメリハリのあるボディになれるのです。

お尻が小さく美しく引き締まって、腰やお腹まわりも細くなり、ウエストにくびれが出てきます。脚のむくみや歪みも消えて、脚が細く長くなります。下半身からヤセてくるのです。実際、**ヒップやウエスト、太ももが10センチも細くなった**という例がたくさんあります。

坐骨が正しくなれば骨盤も正しくなって、さらに上半身の背骨から首、顔のバランスも改善されていきます。つまり、「坐骨回し」が全身を美しくしてくれるのです。

そのほかにも、「坐骨」を整えることでボディが変わるさまざまなエクササイズをご紹介していますから、ぜひ、試してみてくださいね。

Contents

Chapter 1
誰でも、小尻になれる！美脚になれる！

Chapter 2
「坐骨のズレ」をチェックしよう

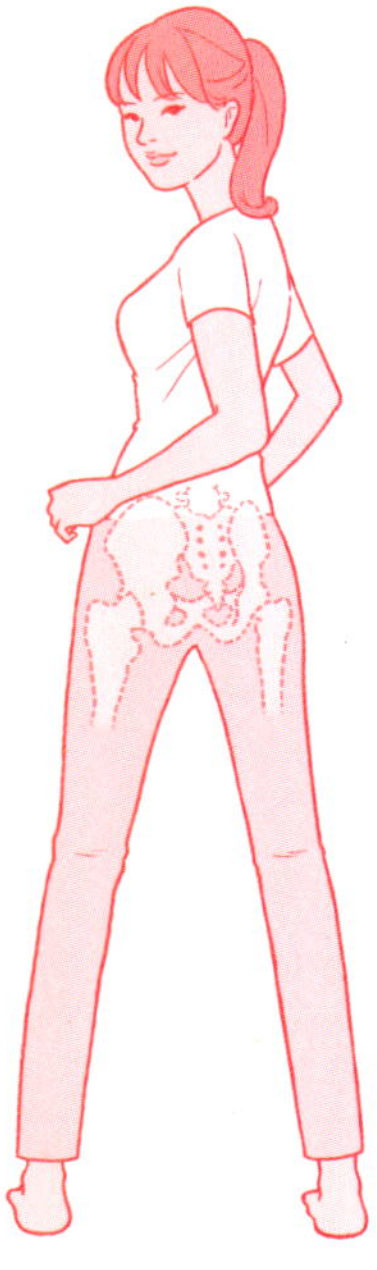

Chapter 3
1日1分！「坐骨回し」やってみよう！……25

Chapter 4
なぜ坐骨を整えると、下半身からやせるの？……49

Chapter 1

誰でも、小尻になれる！美脚になれる！

なぜダイエットしても下半身はやせないのか？

体重を落としたり、ウエストをくびれさせることはできても、「下半身がやせるのは絶対ムリ！」、そう思っていませんか？

「ダイエットしても、どうしても、下半身はやせないの！」

「スリムなジーンズをカッコよく履きこなしたい！」

「脚の形なんて、生まれつきよね……」

多くの人があきらめがちな下半身、その悩みに寄り添い続けて何十年と経ちましたが、これだけははっきりと断言できます。


誰でも何歳からでも、下半身のラインを整えることは可能です！

ただし、食事制限や筋トレ、ランニングなど、がんばるダイエット方法では、下半身を整えることはできません。それどころか太ももがかえって太くなったという人もいるのではないでしょうか。

大切なのは、体のメカニズムに即した正しいやり方です。ただ脂肪を落とせばいいわけではないのです。

骨と関節に働きかけ、筋肉と脂肪をその人本来の正しい位置に誘導させる。これでバランスのよい、動きのキレのよい体ができあがっていきます。それは、これまでの**のべ12万人以上の方を施術し、実際に目で見て確かめてきた事実**です。


下半身太り、直ります。

O脚、XO脚など脚の歪み、整います。

お尻の形、カッコよく整います。

胃下垂、ポッコリお腹、解消します。


そう、これらを実現させるのが「坐骨回し」です。

「坐骨回し」はわたしがエステに整体とカイロプラクティックをとり入れて考案したエクササイズのなかでも、とくに効果があり、長年指導し続けてきた実践的な方法です。

今回はその方法を大公開いたします。

下半身太りは「お尻の形」に表れる

がんばってダイエットしても、下半身がちっとも細くならない……。

それはお尻を意識していないからです。

「下半身太り」に悩んでいる人は、ウエスト、お腹、脚、横からみたお尻のラインなど、目で見えるパーツには注意を向けますが、鏡を使っても見えにくい後ろから見たお尻の形のことは、あまり考えていないのではないでしょうか？　でもじつは「下半身太り」から脱出するには、お尻の形が重要。**「美しい下半身は、お尻から」**とも言えるのです。

とはいっても、大事なのはヒップサイズを測ったときの「数字」ではありません。数字の大小よりも「お尻の形」がカギになります。ヒップトップが高い位置にある、キュッと丸い桃のようなお尻の持ち主は、ウエストもお腹も引き締まっています。脚もすらっと細くて長い。ところが、丸みのない「四角尻」や、だるんとした「垂れ尻」だと、ウエストにくびれがなくてお腹がポッコリ。脚も太く短くなりがちなのです。

お尻の形がキレイなら他のパーツもキレイ。逆に、お尻の形が悪いと下半身全体が崩れてきます。**「お尻の形」を見るだけで、下半身全体がわかってしまう**のです。

「坐骨」、それはお尻の形を決める骨

そもそも「お尻の形」に違いが生まれるのは、なぜでしょうか？　年齢のせい？　それとも遺伝？　いいえ、そうした要素は、あまり関係ありません。「お尻の形」を左右するのは、体のなかにある左右一対の骨。それが「坐骨」です。

「お尻の形」は「坐骨」の向きで決まってしまうのです。

左右の坐骨が正しい向きならキュッとした丸い「桃尻」。しかし、坐骨が正しい方向より後方に傾くと、お尻に丸みがなく、ドカンと四角くて硬い「ピーマン型」の「四角尻」になってしまいます。逆に、坐骨が前に傾くと、筋肉がなく、お尻の下側に脂肪が溜まった「洋ナシ型」の「垂れ尻」になります。

「ピーマン尻」や「洋ナシ尻」になると、お尻だけでなく、ウエストやお腹、脚にまで悪影響が。**坐骨はお尻の形を決めるだけでなく、下半身全体を決める重要な骨**なのです。

後ろから見た骨盤

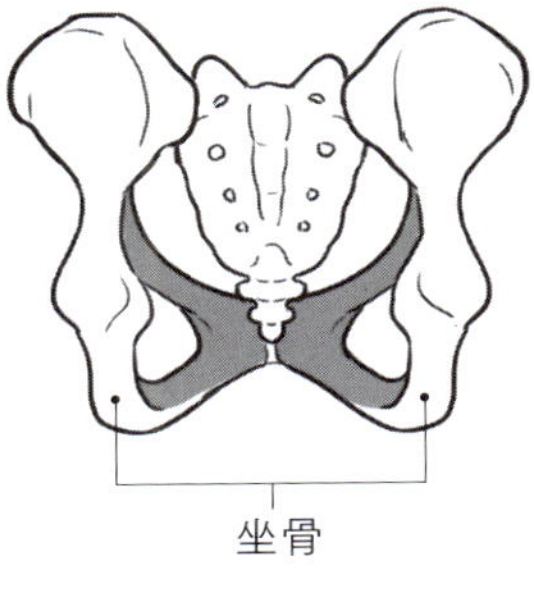

坐骨でうまく座れないから坐骨が崩れる

一度、イスの横に鏡を置いて、自分の座った姿を映してみましょう。キレイなL字、つまり背中から腰のラインと太ももが直角になっていますか？

簡単そうに思えますが、たいていの人はL字に座ることができません。とくに下半身が太めの人は、まずできないでしょう。

ラクにL字になれる人は、「桃尻」の人が多い。「お尻の形」がキレイなら、座ったときの姿勢もキレイなのです。

でも下半身が太めの「ピーマン尻」や「洋ナシ尻」だと、うまくL字になれません。体に力を入れてなんとかL字にしても、すぐに疲れて姿勢が崩れて、背中や腰が曲がってしまうはず。

キレイに座れない原因は「坐骨」にあります。

「坐骨」には、座ったときに上半身を支える土台のような役目があります。

ですから、坐骨が正しい向きなら、上半身を無理なく支えられます。L字型の**「坐骨座り」**が自然にできるのです。

ところが「ピーマン尻」や「洋ナシ尻」のような傾いた坐骨だと、上半身を真っ直ぐに維持できません。正しい「坐骨座り」ができないから、L字が崩れて背中や腰が曲がってしまいます。

今はヤセていても「坐骨座り」ができなければ要注意。「坐骨」が傾きはじめているといえます。そのまま放置しておくと、やがては下半身太りになる可能性大です。ぜひ「坐骨回し」で坐骨を整えて、「坐骨座り」ができるようになってください。

「坐骨座り」の感覚が、いまいちつかめない……という方は、100ページの座り方をご参照ください。今はできなくてもできるようになれば、**徐々に「桃尻」に近づいていくでしょう。**

坐骨座り

お尻をチェックしてみよう!

お尻を見るだけで、坐骨のズレや背骨の状態、そして体型がわかってしまいます。少したいへんですが、鏡を背にして立ち、振り返ってお尻の形をチェックしてみましょう（各タイプの骨盤図は後ろから見た図です）。

桃尻タイプ

坐骨にズレがなく、骨盤も傾きがなく、背骨も自然なＳカーブを描いています。姿勢がよく、バストトップとヒップトップが高い理想的な体型です。ウエストもくびれ、脚もすらりとまっすぐに伸びています。

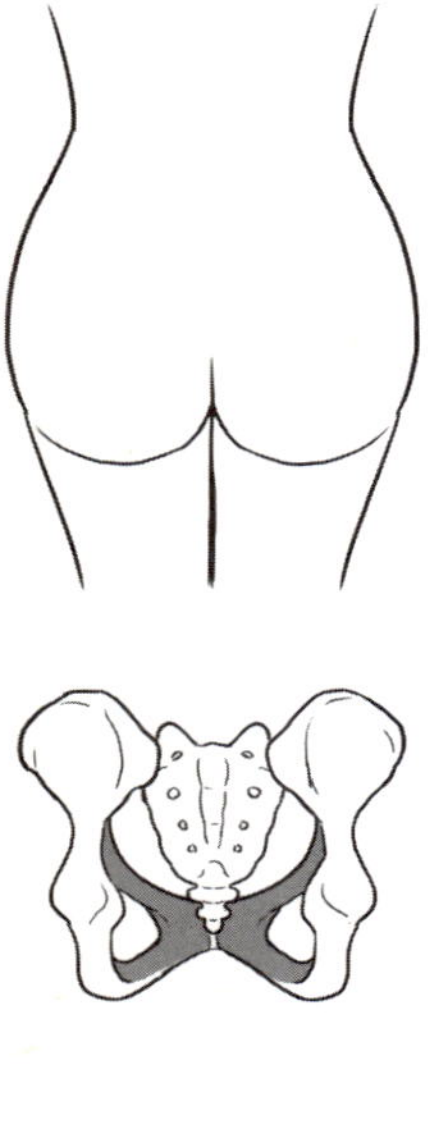

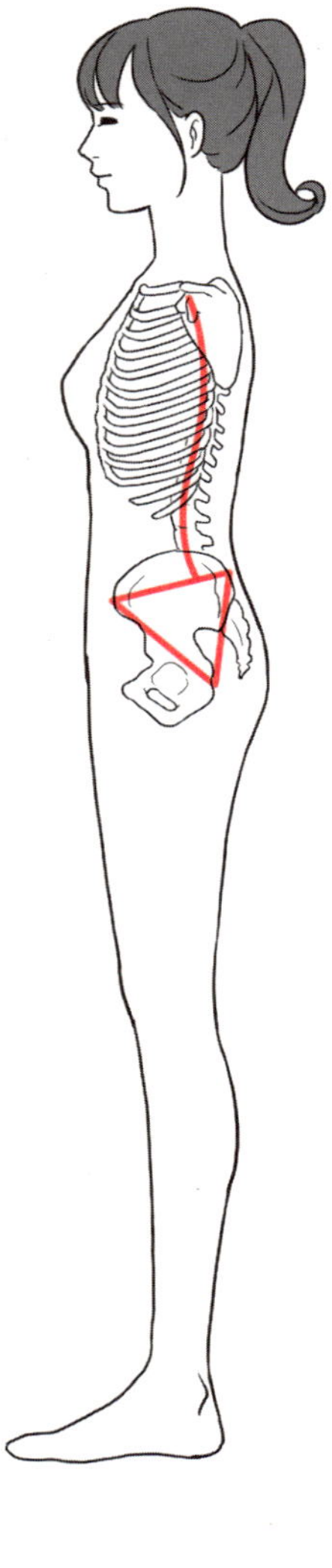

ピーマン尻タイプ

坐骨と恥骨が後方にズレ、腸骨が前傾しています。骨盤が前傾し、背骨が深いSカーブを描いています。いわゆる〝出っ尻〟タイプで、体の全体に脂肪がつき、お尻が大きく四角いのが特徴です。

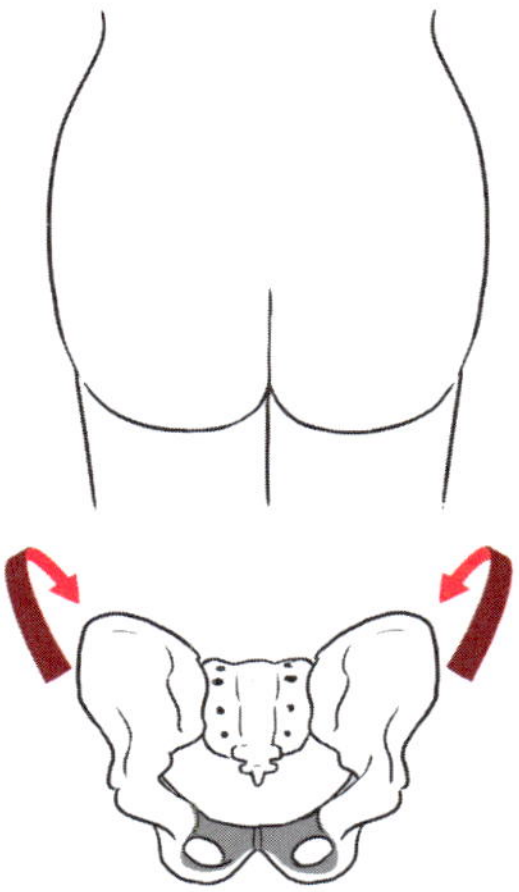

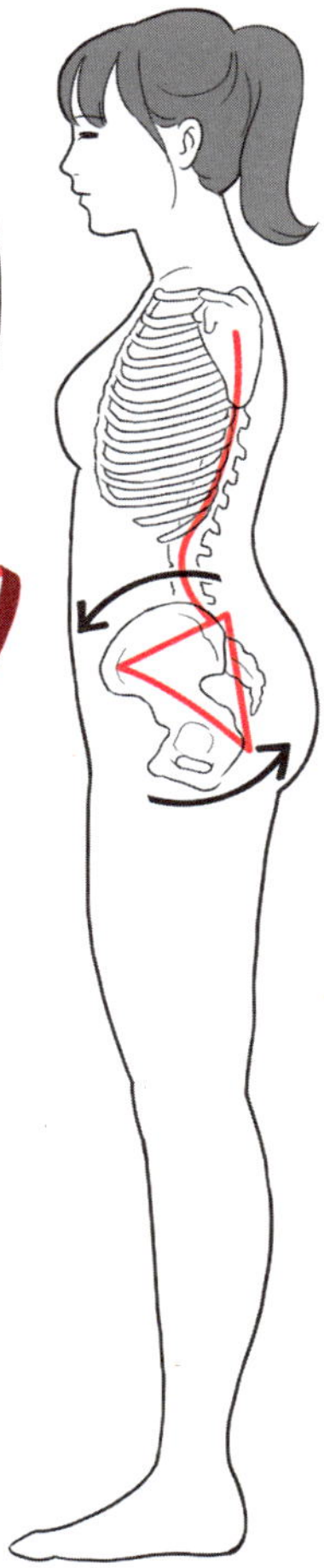

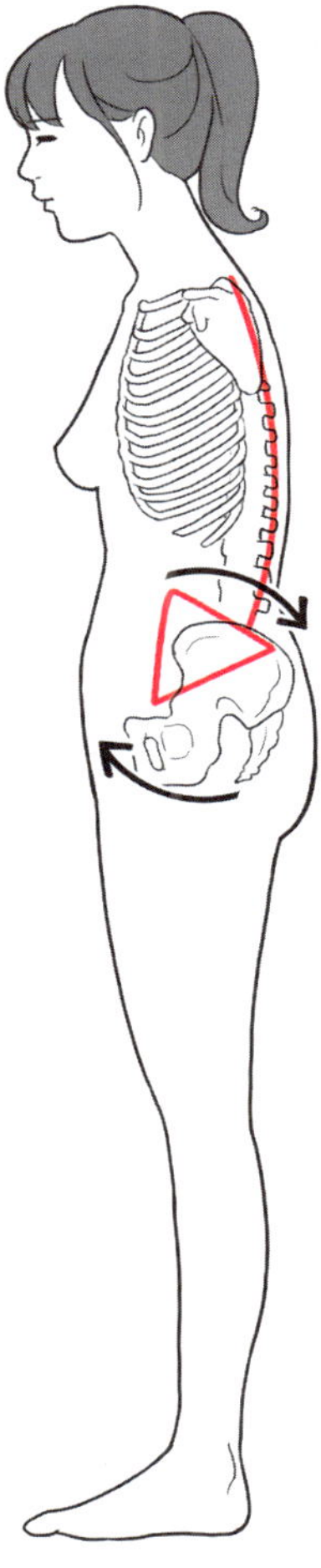

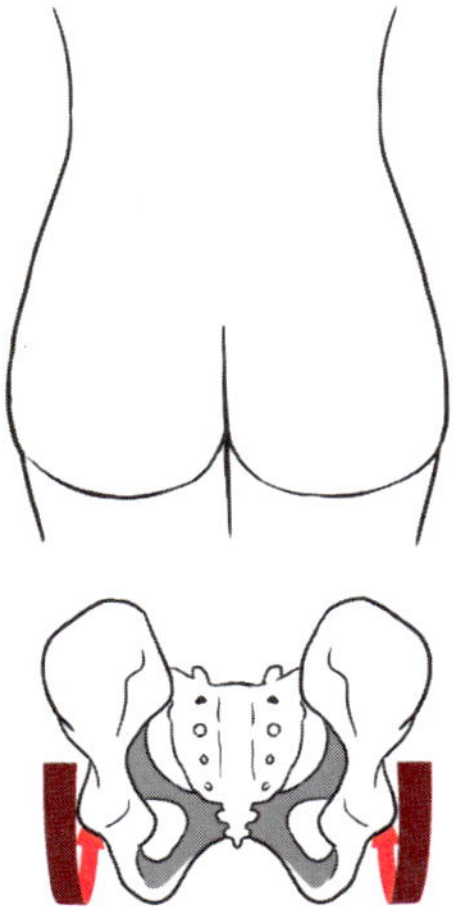

洋ナシ尻タイプ

坐骨と恥骨が前にズレ、腸骨が後ろに傾いています。骨盤が後傾し、背骨が逆Cの字を描いています。上半身はやせ型ですが、胃下垂ぎみで下腹が出る下半身太りのタイプです。お尻は垂れぎみで、ひざが曲がっています。

人を惹きつける〝愛されヒップ〟の秘密

女性らしい丸みのあるしなやかボディを、最近は**〝マシュマロボディ〟**とも呼ぶようです。ただ体重を減らせばいいという時代は終わりました。脂肪が少ない女性は、男性にとってだけでなく、女性にとっても、魅力的には映らないようです。

だからといって、お腹がタプタプだったり、太ももがセルライトだらけなのは、さすがに問題。**脂肪は正しい場所についてこそ、人を惹きつける**のです。

上半身ならバスト。そして下半身ならお尻です。

目指したいのは、プリンと形のいいお尻。適度に脂肪がついた、ハリとやわらかさを兼ね備えたヒップラインです。筋肉質に鍛えた硬いお尻よりも、形のよい「桃尻」のほうが、間違いなく「愛されヒップ」です。

サイズダウンを目指すのではなく「お尻の形」をキレイにすることが、ジーンズの似合う、形のいい下半身をつくる近道です。

そのためにも「坐骨」が大切。本書で「坐骨」を正しくして、ぜひ「愛されヒップ」の「しなやかボディ」を手に入れてくださいね！

だから「坐骨回し」をおすすめします

下半身太りに悩んでいる人や、お尻の形が「ピーマン尻」や「洋ナシ尻」の人、「坐骨座り」ができない人、がんばってヤセてもボディラインがキレイにならない人など、誰にでもおすすめしたいのが「坐骨回し」。

「坐骨回し」は、立ったまま坐骨を回すだけの簡単エクササイズ。しかも時間は1分でも効果あり。これだけで坐骨の向きを正しい方向に誘導します。

坐骨が変われば「ピーマン尻」や「洋ナシ尻」もプルプルの「桃尻」に。ウエストやお腹、脚などについていたムダ肉もなくなって「愛されヒップ」になれるのです。

その効果は、骨盤や股関節、背骨といった他の骨や、そのまわりの筋肉にもいい影響を与えます。下半身だけでなく、全身がキレイになっていくのです。

「坐骨回し」は坐骨の向きを正しくするだけではありません。左右の坐骨を正しい位置に整える効果もあります。

お尻の高さや大きさが左右で違う「アンバランス尻」は、坐骨の位置ズレが原因。「坐骨回し」で坐骨を左右対称に整えれば、シンメトリーで形のいいお尻になれるのです。

「坐骨回し」で、お尻も気分もアップ！

1回1分の「坐骨回し」を続けるだけで、あなたの体はしなやかな女性らしいボディへと変わっていきます。

「桃尻」になれるのはもちろん、ウエストにくびれが生まれて、お腹はやわらかく細く、太ももも引き締まっていくことでしょう。

バストアップも期待できます。「桃尻」「くびれ」「豊かなバスト」。出るべきところはしっかり出て、引っ込むべきところは確実に引っ込む。まさに女性らしい、メリハリのあるボディラインになれるのです。

それだけではありません。X脚やO脚、XO脚を改善して、脚をすらっと長くする効果や、デコルテや顔、頭の形までも美しく整える効果も期待できます。

そして、見た目以外にもいいことがいっぱい！　内臓の調子が上がったり、ホルモンの働きがよくなったりもするのです。**イライラや落ち込みなども「坐骨回し」でラクになり、毎日ポジティブな気分になっていくことでしょう。**

すべてを絶好調にしてくれるのが「坐骨回し」。あなたも、ぜひマスターしてください。

Chapter 2

「坐骨のズレ」をチェックしよう

坐骨のズレを判定できる「50歩チェック」

お尻の形は坐骨で決まります。お尻の形が悪ければ、坐骨がズレているということ。お尻を見れば、坐骨の状態が推測できるのです。

でも、「ピーマン尻」か「洋ナシ尻」か、それとも「アンバランス尻」なのか、自分では判断できないという人もいることでしょう。太めなのはわかるけど、形まではよくわからない……という方も多いと思います。

そこで、お尻自体を見なくても坐骨の状態がわかってしまう、セルフチェック法をご紹介しましょう。やり方は簡単。眼をつむって、その場で足踏みを50歩。これだけで坐骨がどのようにズレているのかわかるのです。

時間は1分もかかりません。ただし、50歩の途中で何かにぶつかって転んだりしないよう、なるべく広いスペースで行ってください。

自分の坐骨がどうなっているかわかったら、25ページからのエクササイズで改善を。97ページからの坐骨が整う習慣も参考にして、坐骨美人になってください。

「50歩チェック」のやり方

1. 大きめの紙に十字を描いて床に置き、四隅をテープで止めます。十字の中央に立ち、目を閉じてスタート（そのほか、床に直接テープを貼って十字をつくる、もしくは、畳の縁やフローリングの板目を利用してもOKです）。

2. 目を閉じたまま、その場で50歩、足踏みをします。1、2、3、4、5……と声に出して数えて、50歩終了したら目を開けます。自分がどの位置に立っているかを確認しましょう。

「50歩チェック」の結果を判定

さて、どのあたりに立っていましたか？　下の図からもっとも当てはまるものを選んでください。これであなたの坐骨のズレタイプがわかります。スタート位置とほとんど位置が変わっていないという方は、坐骨が正しい人です。

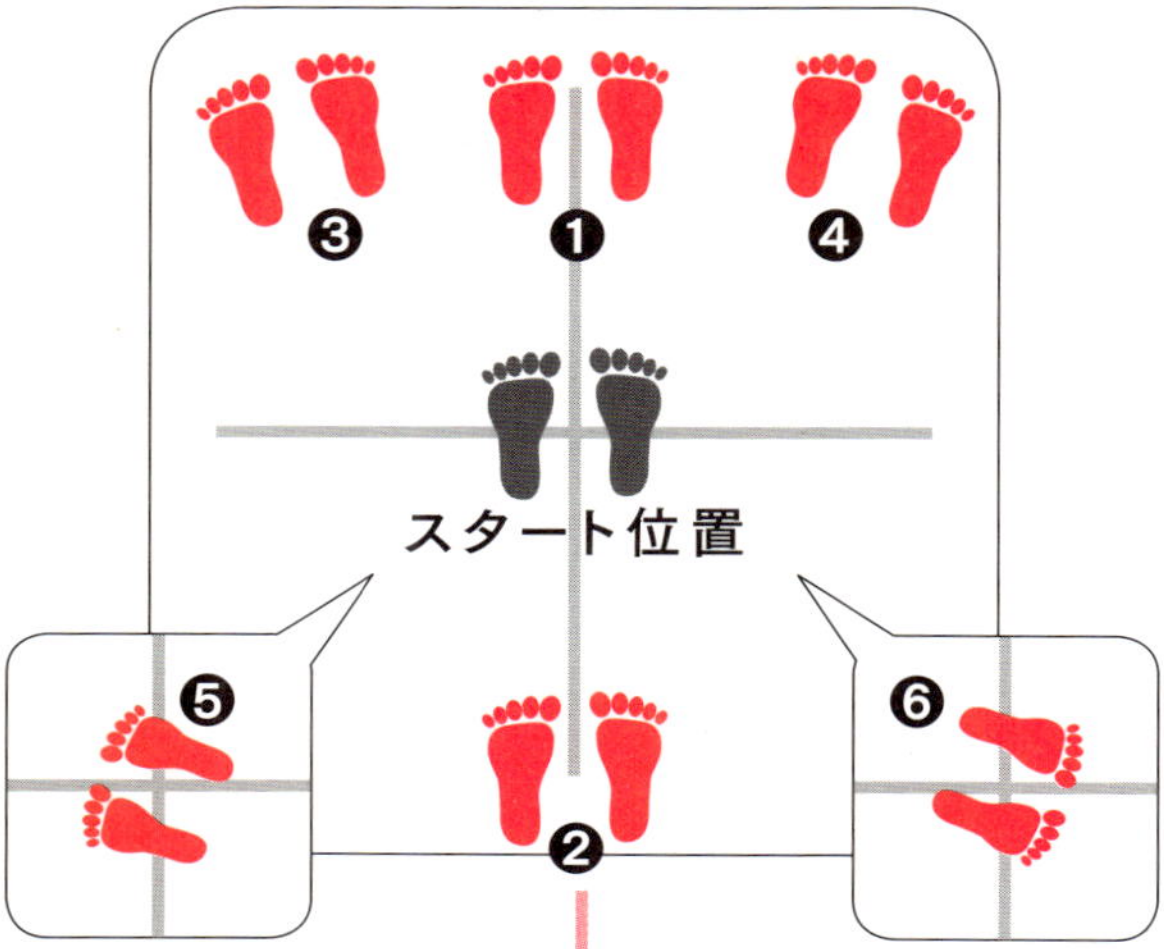

あなたの足の位置は…

❶　十字の中央から、ほぼ真っ直ぐ前へ進んでいた。体も真っ直ぐ前向きか、左右のどちらかに少し傾いていた。

❷　十字の中央から、ほぼ真っ直ぐ後ろへ下がっていた。体は真っ直ぐ前向きか、左右のどちらかに少し傾いていた。

❸　十字の中央から、左へ進んでいた。体は真っ直ぐ前向きか、左右のどちらかに少し傾いていた。

❹　十字の中央から、右へ進んでいた。体は真っ直ぐ前向きか、左右のどちらかに少し傾いていた。

❺　十字からあまり離れていないけれど、体が左に向いてしまっている。

❻　十字からあまり離れていないけれど、体が右に向いてしまっている。

あなたのズレタイプと対策は…

❶ 後ろズレタイプ

坐骨が後ろにズレ骨盤が前傾していて、四角いお尻の「ピーマン尻」タイプです。お腹が出ていて腰幅が広く、脚も太め。下半身だけでなく、全身にムダ肉がつきやすいのが特徴です。

(対策) 準備エクササイズ4種類（28～35ページ）と、坐骨回し(36ページ)を指定の回数行いましょう。上級編4種類(40～47ページ）にもトライして。

❷ 前ズレタイプ

坐骨が前にズレ骨盤が後傾していて、垂れたお尻の「洋ナシ尻」タイプです。上半身は細めなのですが、お腹が出ていて、下半身が太くなりやすいのが特徴です。

(対策) 準備エクササイズ4種類と、坐骨回しを指定の回数行いましょう。上級編4種類にもトライして。

❸ 左高タイプ

左の坐骨が高く、逆に右の坐骨は低くなっているタイプで、お尻は右が大きくなってしまう「アンバランス尻」です。

(対策) 準備エクササイズのうち、ひざ裏たたき（30ページ)、お尻たたき（32ページ)、股関節ほぐし（34ページ）の右脚側を、2～3セット多く行いましょう。お尻歩き（28ページ)、坐骨回し（36ページ）は指定の回数を。上級編4種類にもトライして。

❹ 右高タイプ

右の坐骨が高く、逆に左の坐骨は低くなっているタイプで、お尻は左が大きくなってしまう「アンバランス尻」です。

対策 準備エクササイズのうち、ひざ裏たたき（30 ページ）、お尻たたき（32 ページ）、股関節ほぐし（34 ページ）の左脚側を、2～3セット多く行いましょう。お尻歩き（28 ページ）、坐骨回し（36 ページ）は指定の回数を。上級編4種類にもトライして。

❺ 右前タイプ

右の坐骨が前に出ていて、左の坐骨は後ろにズレているタイプ。左よりも右脚の力が強くなっています。お尻は右が大きく太ってしまう「アンバランス尻」です。

対策 準備エクササイズのうち、お尻歩き2種類を、2～3セット多く行いましょう。ひざ裏たたき、お尻たたき、股関節ほぐし、坐骨回しは指定の回数を。上級編4種類にもトライして。

❻ 左前タイプ

左の坐骨が前に出ていて、右の坐骨は後ろにズレているタイプ。右よりも左脚の力が強くなっています。お尻は左が大きく太ってしまう「アンバランス尻」です。

対策 準備エクササイズのうち、お尻歩き2種類を、2～3セット多く行いましょう。ひざ裏たたき、お尻たたき、股関節ほぐし、坐骨回しは指定の回数を。上級編4種類にもトライして。

Chapter 3

1日1分！やってみよう！「坐骨回し」

「坐骨回し」とは？

1回1分をできるときに行ってください

1分間、坐骨を意識してまわす。それだけで、ズレていた坐骨が正しくなり、**全身をキレイに整えてくれるのが「坐骨回し」**です。

1日1回でも効果がありますが、それに縛られなくてもOKです。回数を増やしても体に害はありませんから、1日3回以上行っても問題ありませんし、忙しい日は1回だけにして、余裕がある日に回数を増やすといった、自分なりの調整をしてもかまいません。

まずは「準備エクササイズ」から！

「坐骨回し」は、いつでもどこでもできる簡単なエクサイズですから、運動が苦手な人でも、挫折することなく続けられるはず。といっても、なかなか思うように回せないという人もいるかもしれません。坐骨が大きくズレていて、ほかの骨や関節への影響が及んでしまっているから回しにくいと感じるからです。

こういった人のために、今回は「坐骨回し」がやりやすくなる**「準備エクササイズ」も、特別にご紹介**します！

「準備エクササイズ」は、「坐骨回し」の邪魔になる強張りや歪みを減らして、坐骨を回しやすくしてくれます。どれも簡単で覚えやすく、かかる時間も「坐骨回し」と同じ、たったの1分です。

組み合わせれば最強の効果を発揮します！

「坐骨回し」をスムーズにする「準備エクササイズ」には、それぞれ単独でも下半身を整える効果があります。「準備エクササイズ」と「坐骨回し」を組み合わせるともっとお尻の形がよくなり、脚が細く長くなります。相乗効果だって期待できるのです。

「準備エクササイズ」プラス「坐骨回し」は、**寝る前に行うのがとくにおすすめ**です。硬くなった坐骨まわりの筋肉をほぐしておくと、血液やリンパの流れ、神経の働きも正常になりますから、ぐっすりと眠れることでしょう。

準備エクササイズ

お尻歩き①
お尻まわりの筋肉をほぐす

お尻まわりの硬くなった筋肉をほぐし、股関節を整えるエクササイズ。途中で何かにぶつからないように、後ろ側のスペースを開けておきます。畳１畳程度あればよいでしょう。

斜め横から見ると…

前から見ると…

❶足の裏を体の中央で合わせて座り、両手で体に引き寄せる。

❷坐骨を動かして後ろに歩くイメージ。手と足はその場に残したままで。まず左から一歩。続けて右へ一歩。合計４歩進んだら、離れた足を体に引き寄せて終了。これを３セット行う。

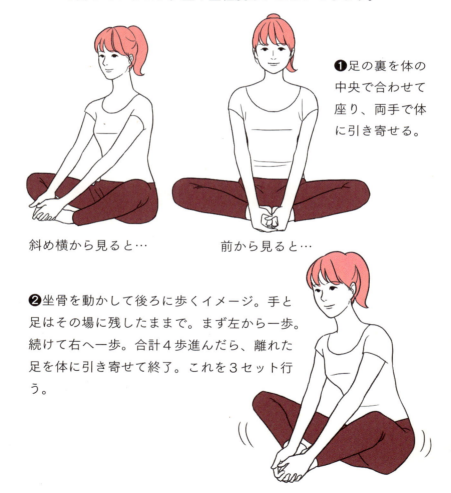

お尻歩き②
坐骨の位置を正す

今度は両脚を伸ばしたお尻歩き。手の指でお肉を持ち上げることで、坐骨が正しい位置へ誘導されやすくなります。

❶床に座って両脚を伸ばす。右手は体の横に。左側のお尻の肉を左手の指でつかんで後方に引き上げてから、丁寧に床に下ろす。これが一歩。

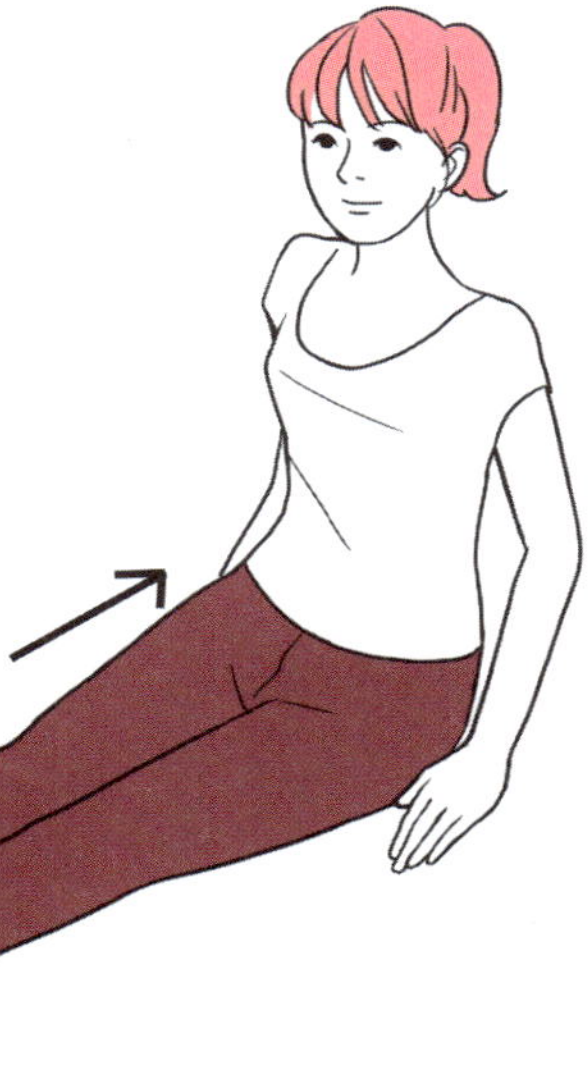

❷右側のお尻も同じようにして後ろに一歩。左右交互に手を替えて、4歩で1セット。これを3セット行う。

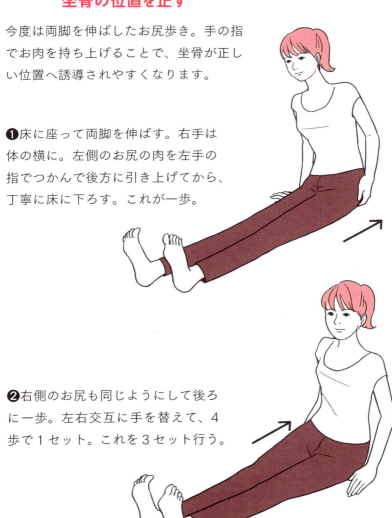

準備エクササイズ

ひざ裏たたき
脚うらを伸ばす

壁を使って、坐骨が整いやすい姿勢をとりながら〝脚うら筋〟を刺激します。脚の力は抜いてリズミカルに。

❸両方のお尻が整ったら、つま先を立てる。中指と薬指が真っ直ぐ上を向くように。ひざ頭も真上に向けて。

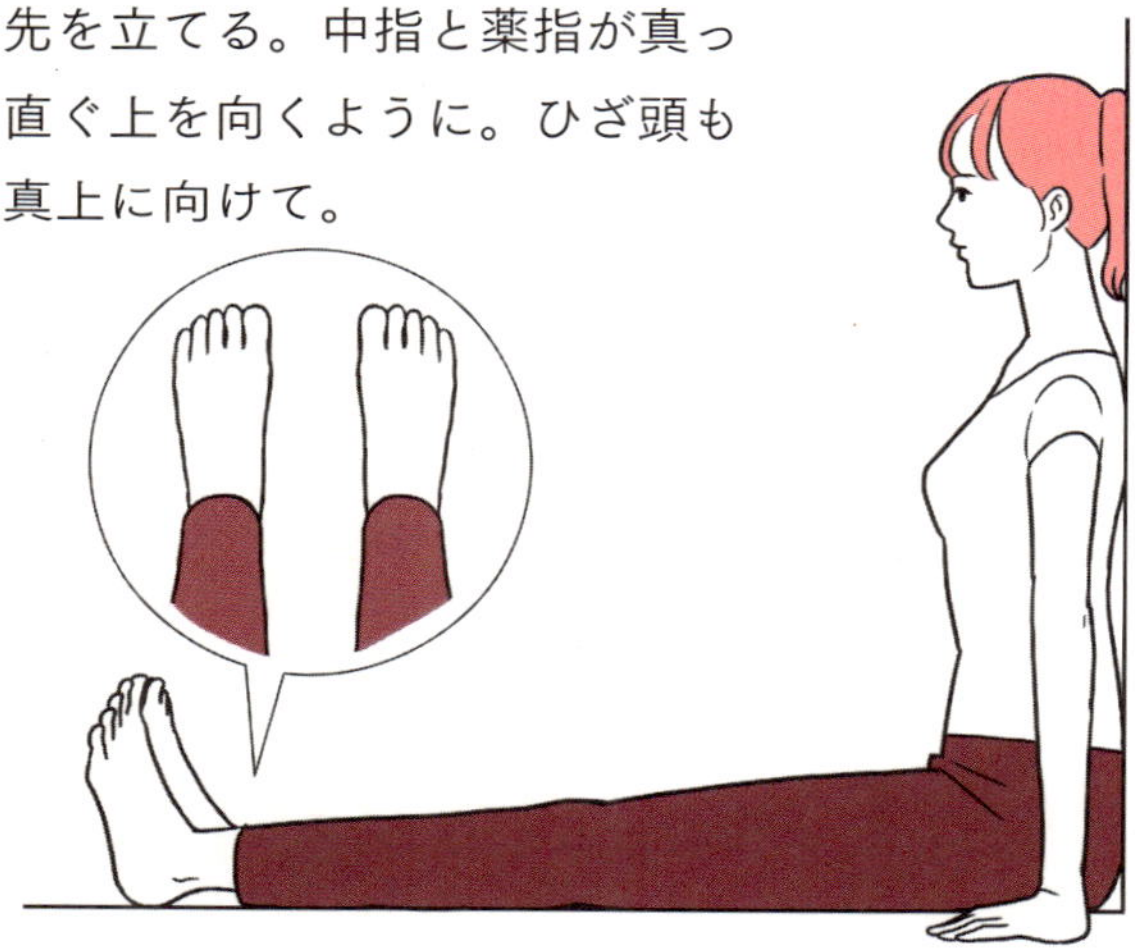

❶背中と腰を壁にぴったりつけて、両足は腰幅程度に開き、つま先を天井へ向ける。

❷左手でお尻の肉をしっかり持ち上げて引き、そのままストンと丁寧に下ろす。次に右手で右のお尻も。

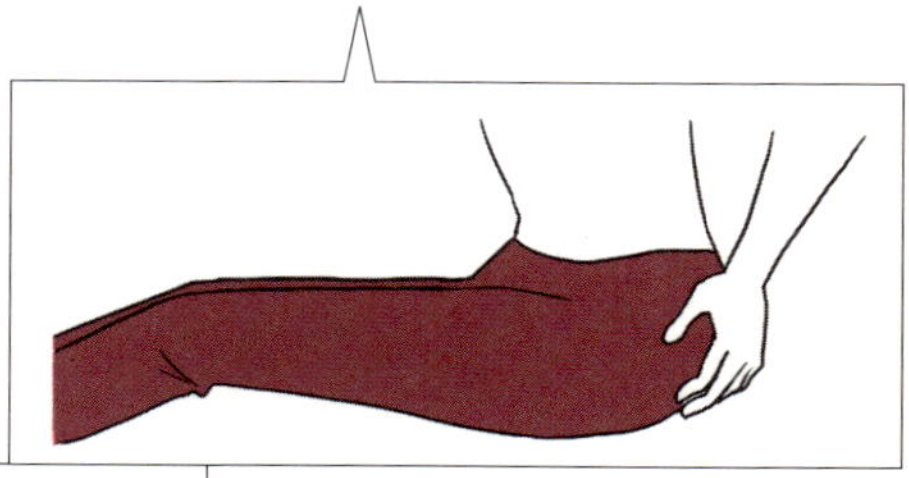

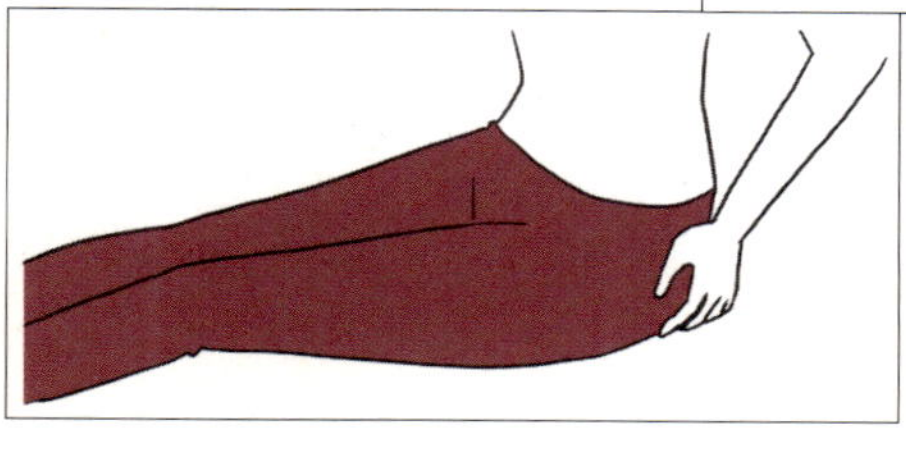

❹左手はお腹、右手は右ももへ。
右脚のひざの裏で床をトントン
軽く5回たたく。

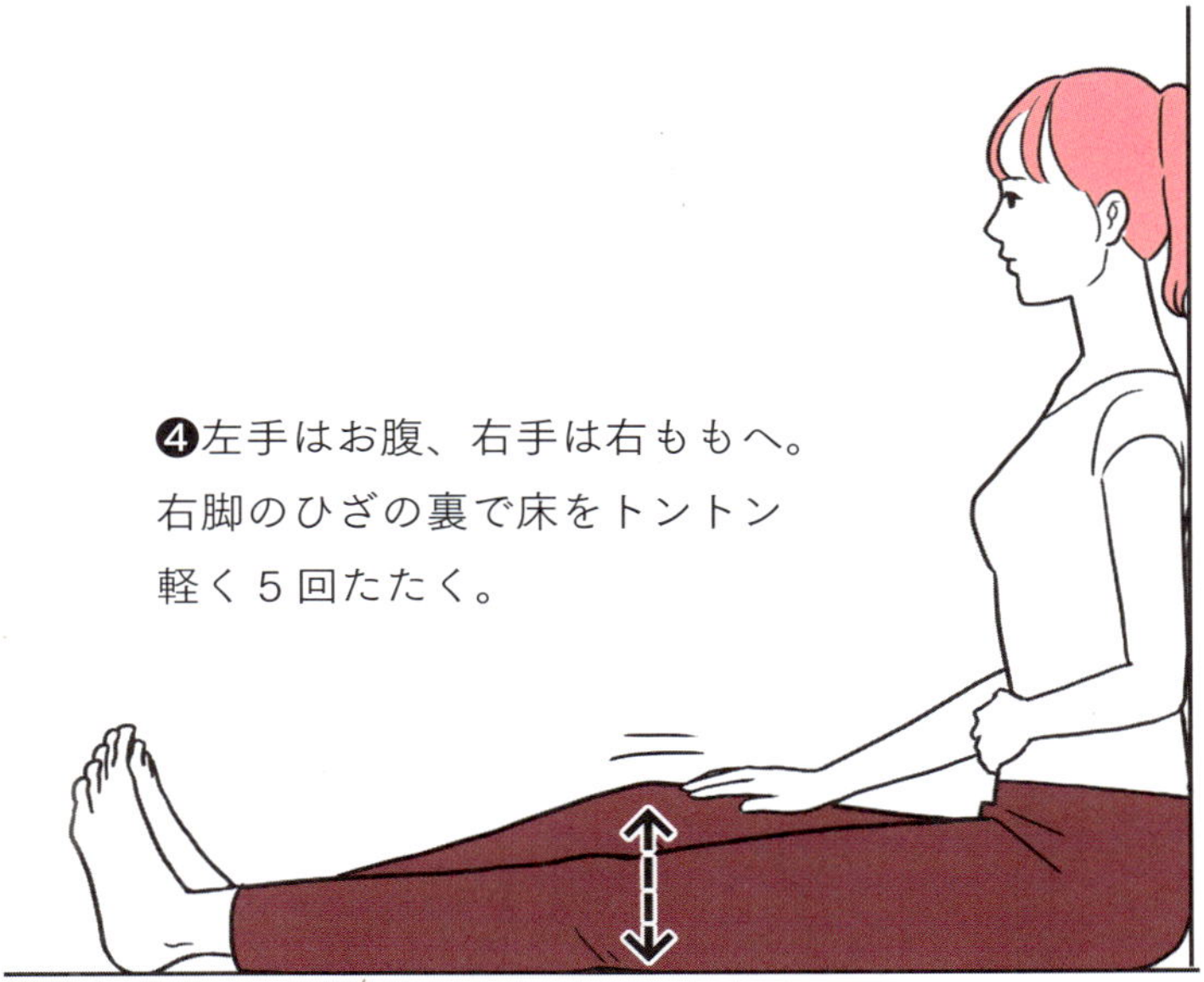

❺次に手を替えて、左脚のひざの裏で床を5回トントン。これで1セット。3セット繰り返す。

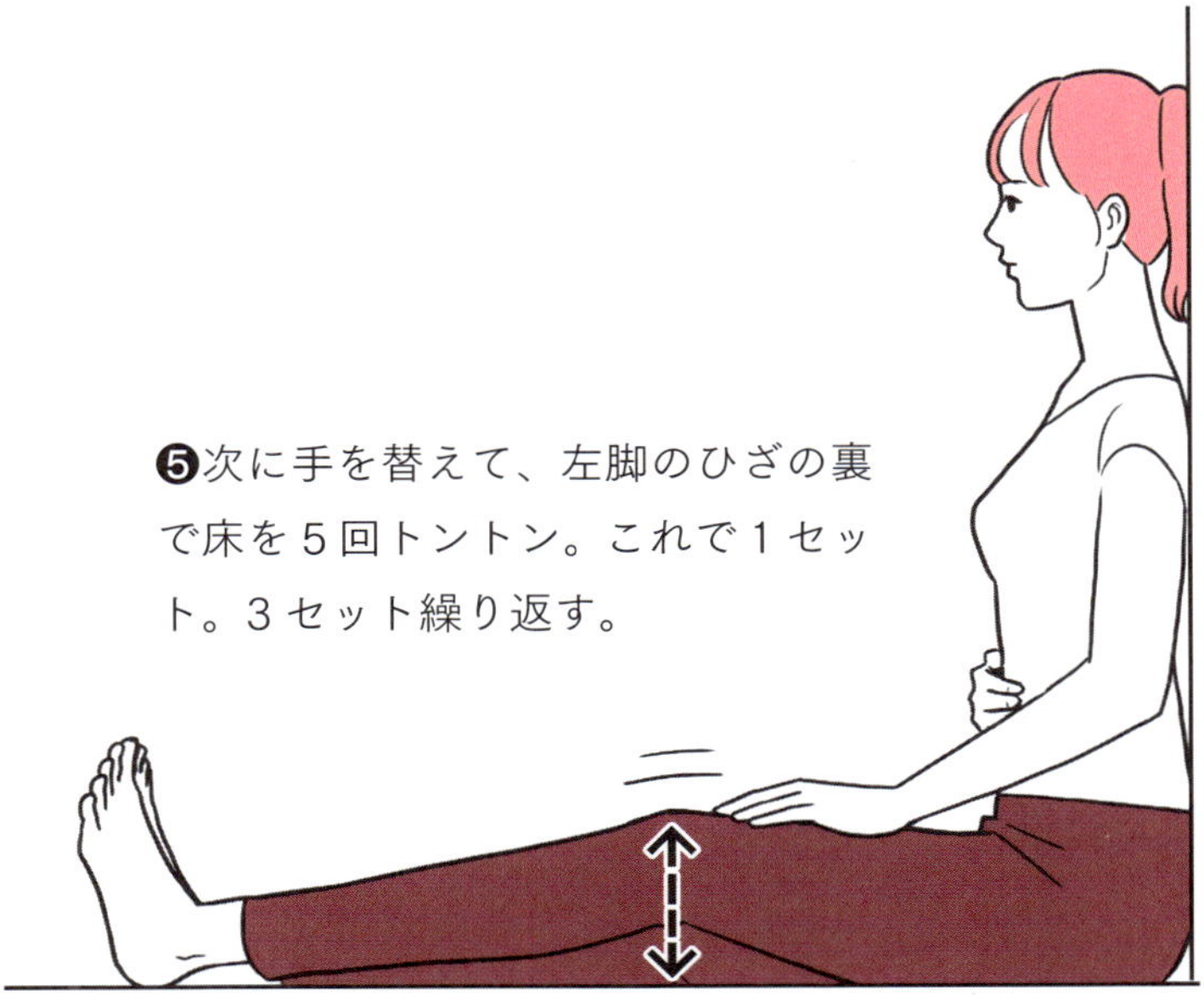

準備エクササイズ

お尻たたき
坐骨まわりの筋肉をほぐす

坐骨を整えながら、股関節まわり、椎骨まわりの筋肉も柔軟にするエクササイズ。肩が上がらないように力を抜きましょう。

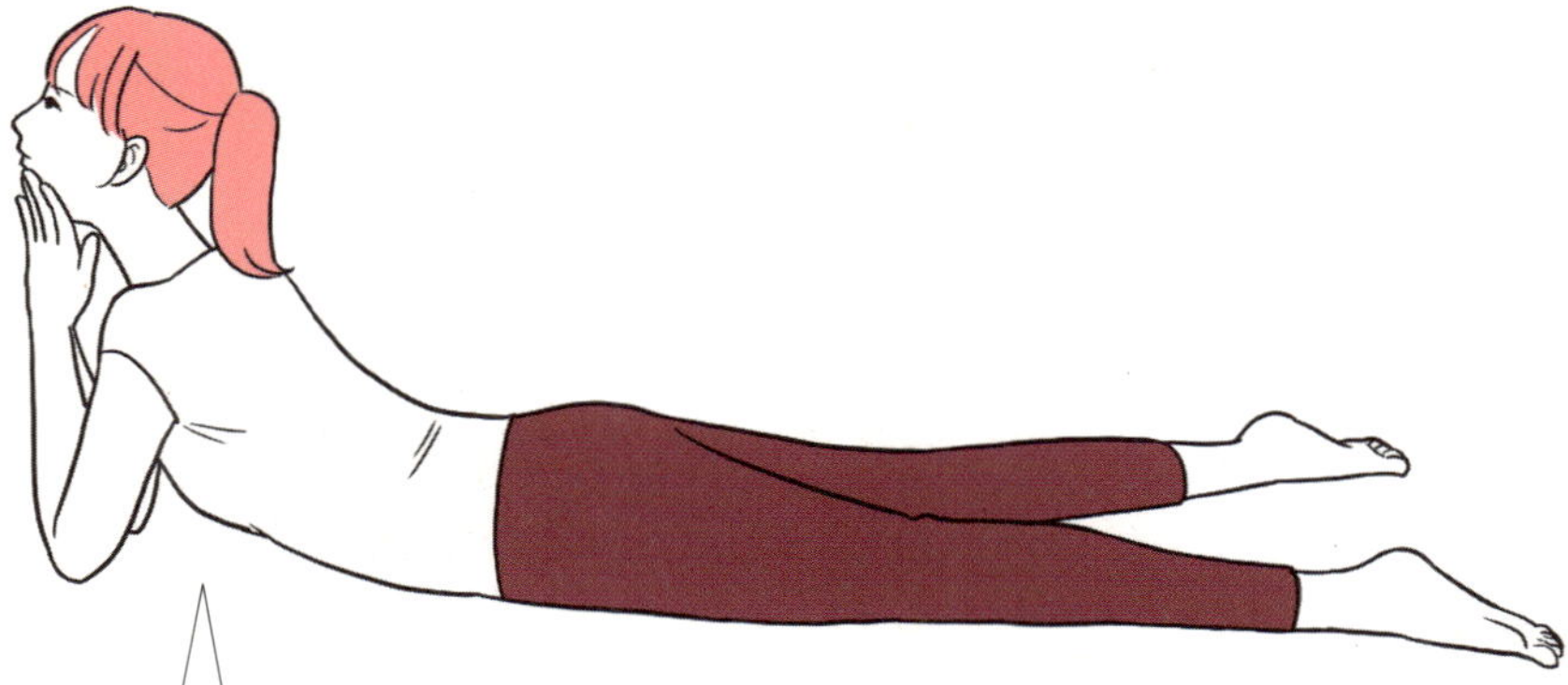

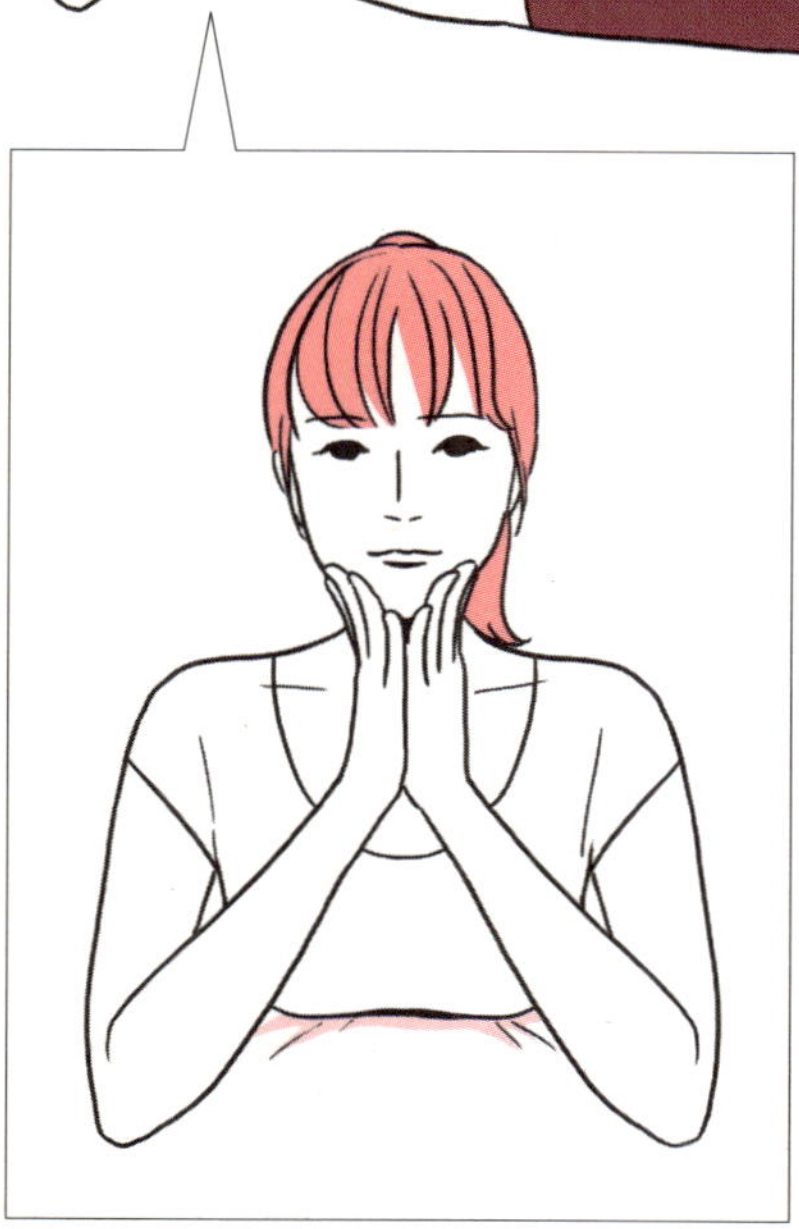

❶うつぶせになり、両脚は肩幅より大きく。顔を起こして両手の指先を頬に軽く添える。

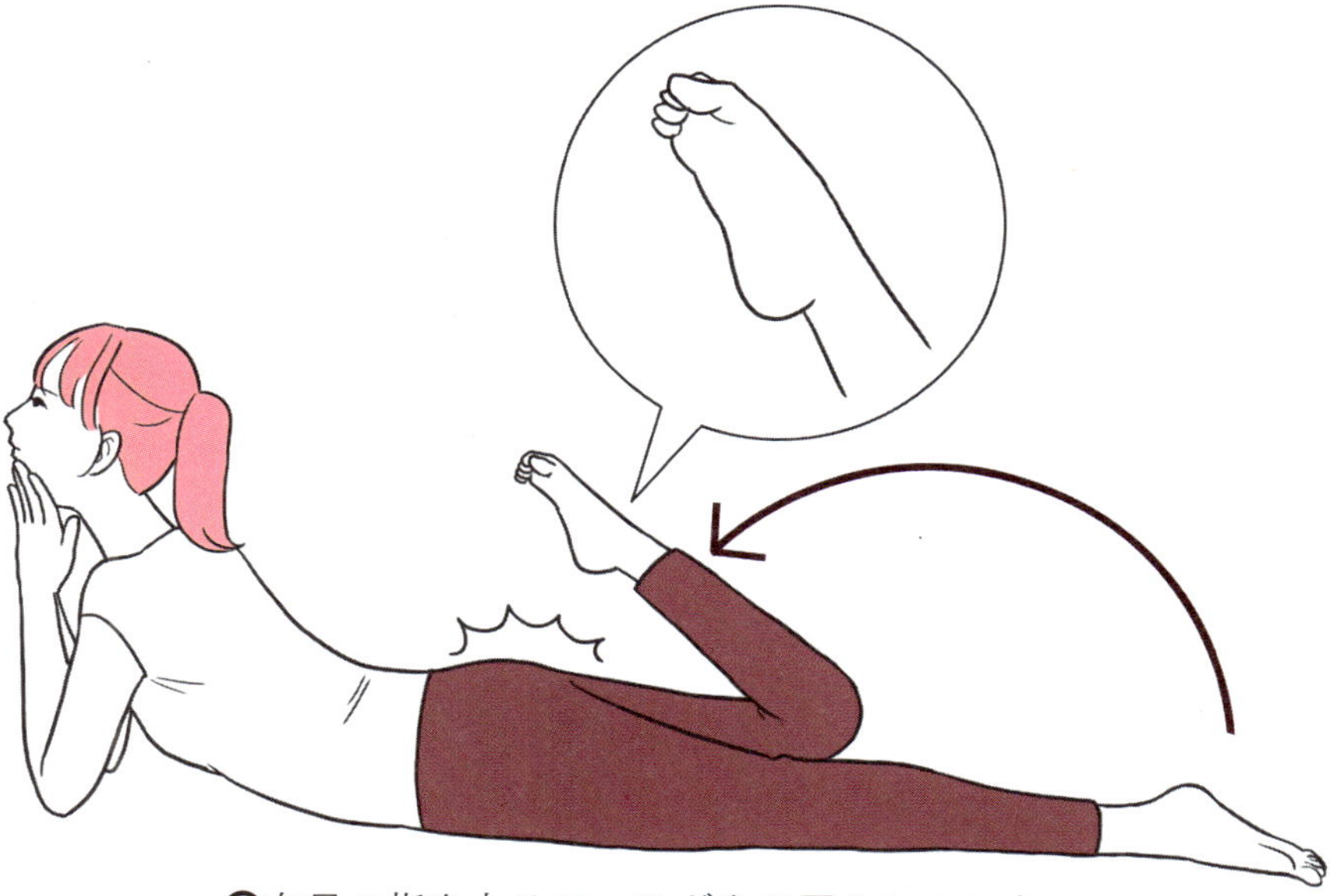

❷右足の指を丸めて、ひざを５回トントンと曲げる。丸めた指をお尻につけるイメージで。

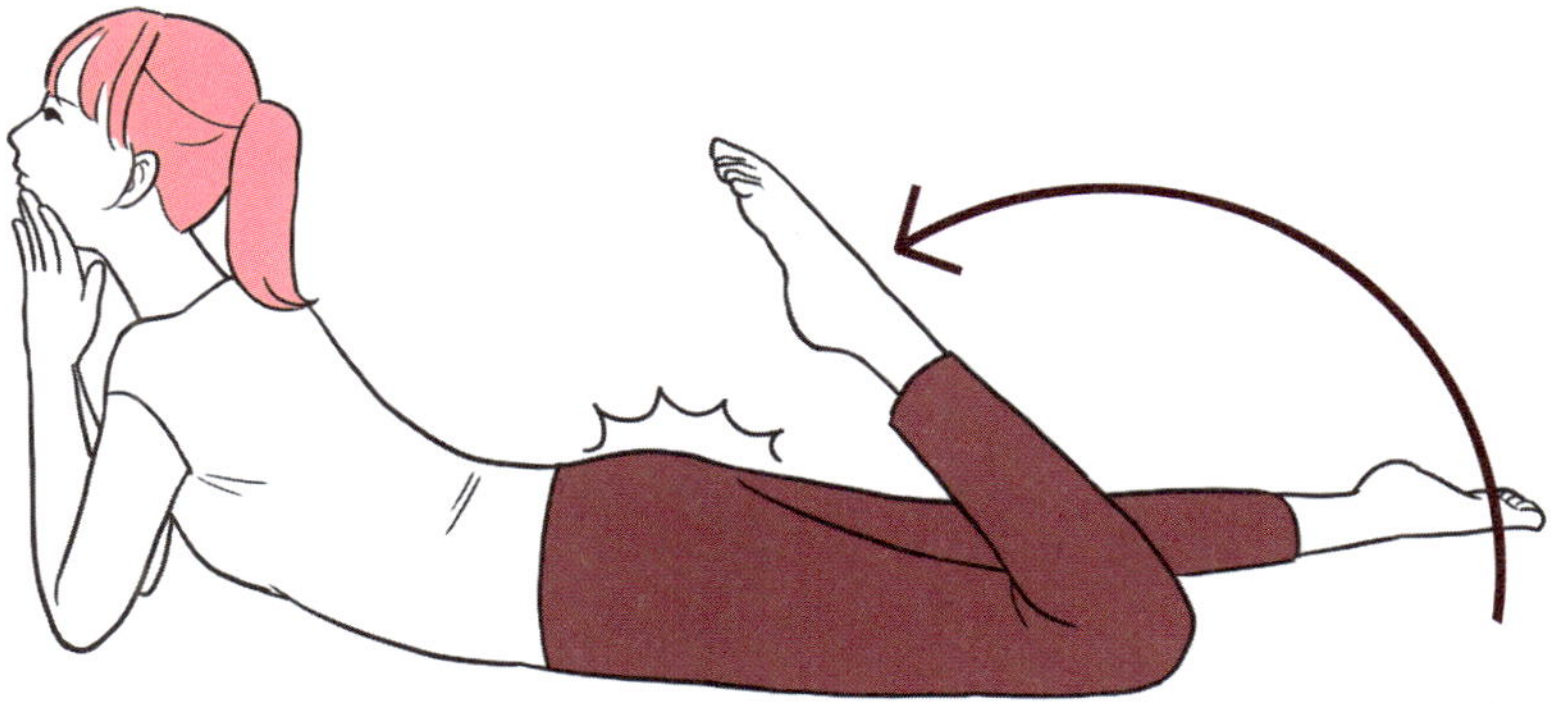

❸左脚も同様に行い１セット。これを３セット行う。

準備エクササイズ

股関節ほぐし
股関節まわりの筋肉をほぐす

股関節を中心に、骨盤や両脚の筋肉もほぐしていきます。脚の力を抜くことがポイントです。

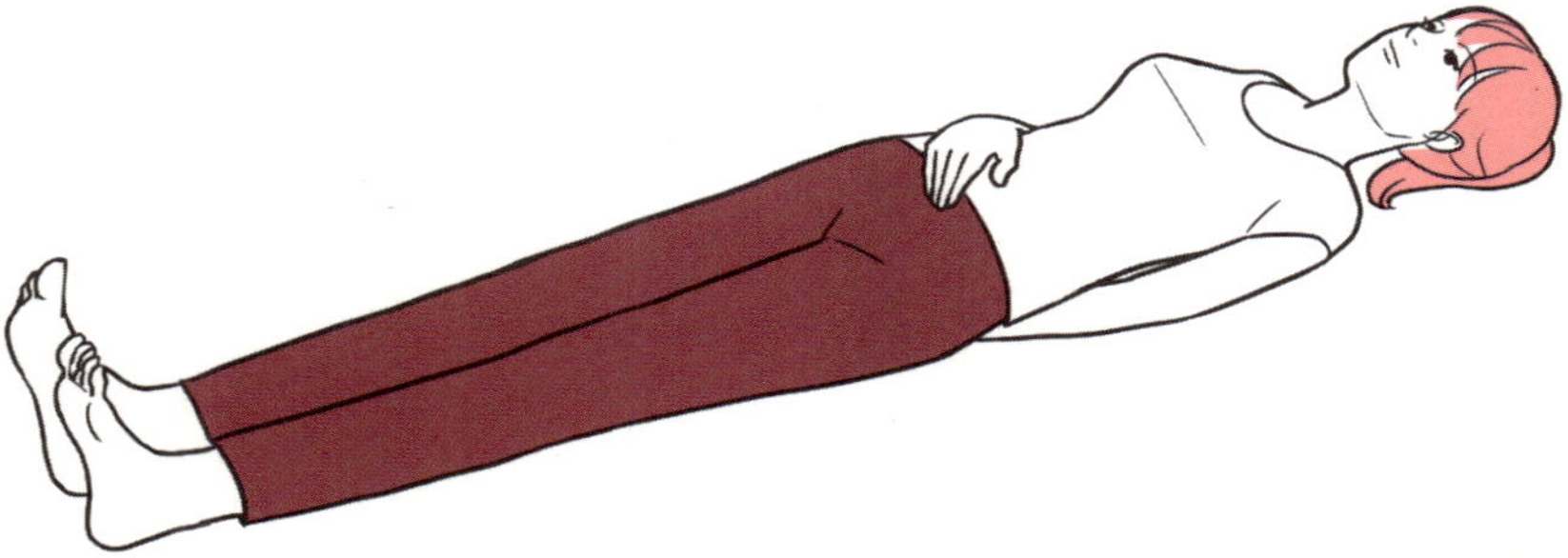

❶あおむけで、両脚を腰幅に。つま先を天井へ。左手で坐骨を軽く触り、右手をお腹に。

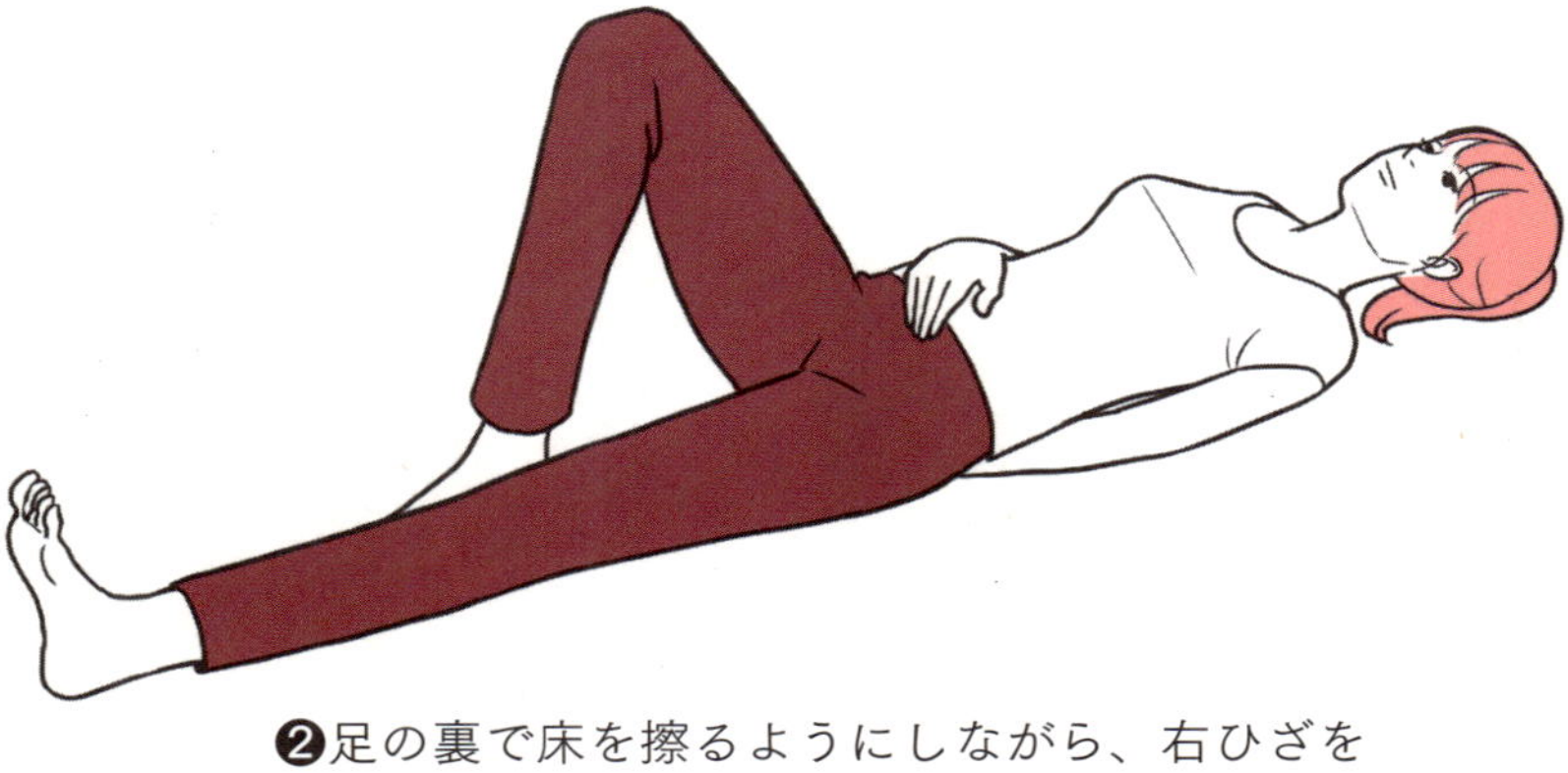

❷足の裏で床を擦るようにしながら、右ひざを曲げていく。

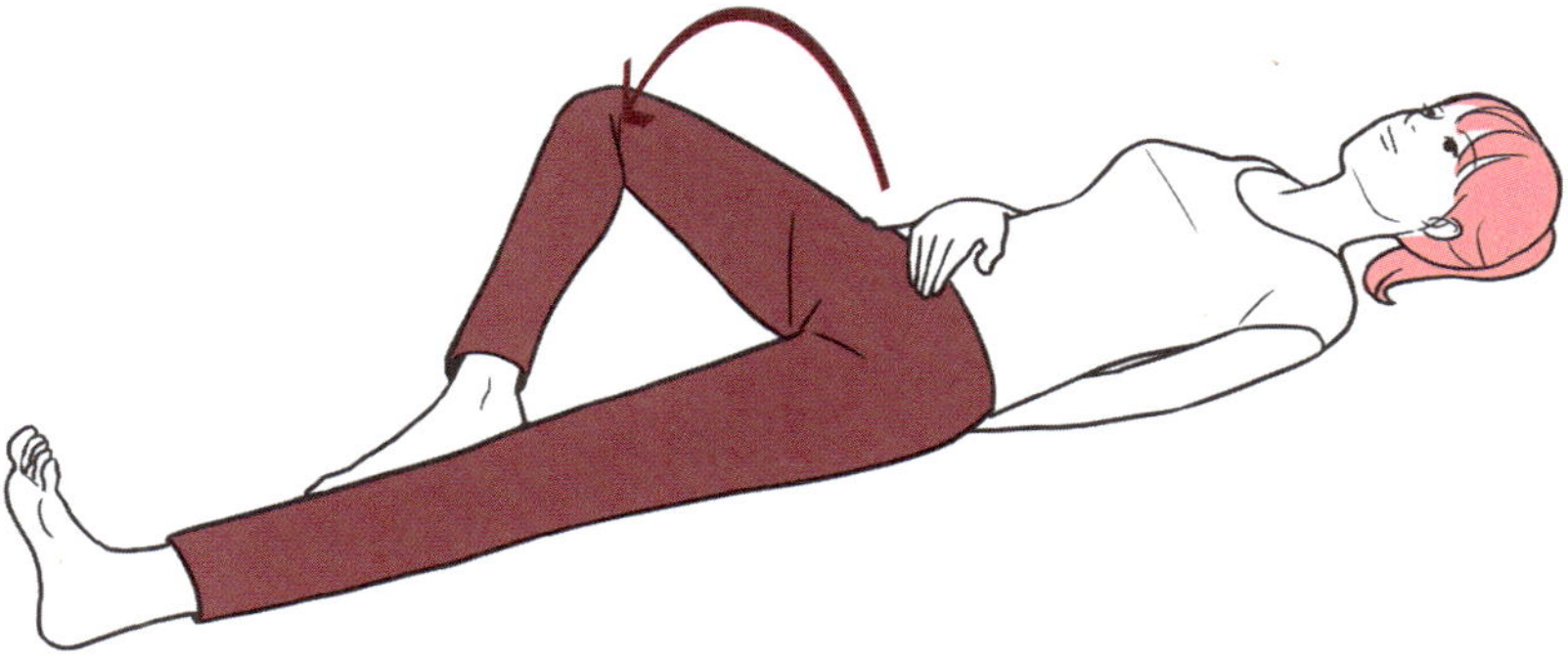

❸足が左のひざの横まできたら、股関節の力を抜いて、外側へパタンと倒す。そのまま足の裏を左ひざ側面につけて。

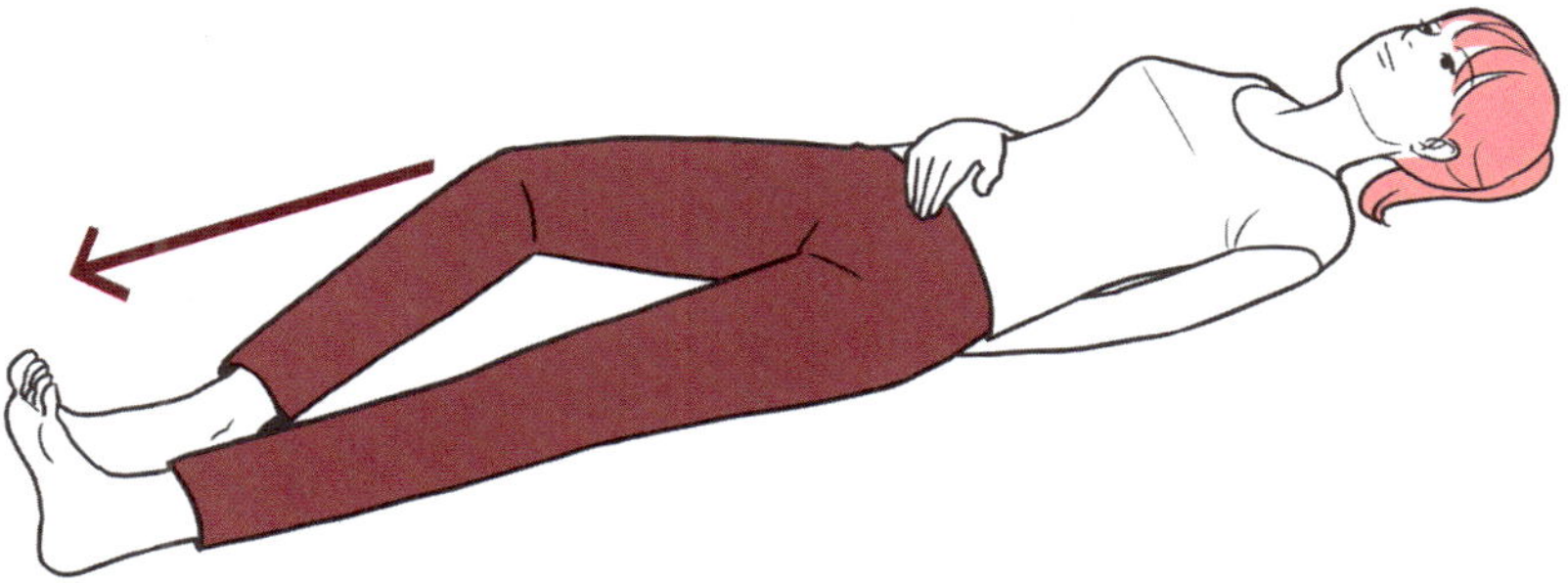

❹右足の裏を左脚の側面に沿わせゆっくりなでるようにしながら右脚を伸ばしきり、もとの位置にまっすぐに脚を戻す。❶〜❹を３回繰り返したら手を替えて、右脚も同様に３回。

メインエクササイズ

坐骨回し
坐骨を整える

これがメインのエクササイズ。床と水平に、坐骨がキレイな円を描くように意識して。肩、背中、腰が緊張しないように注意しましょう。

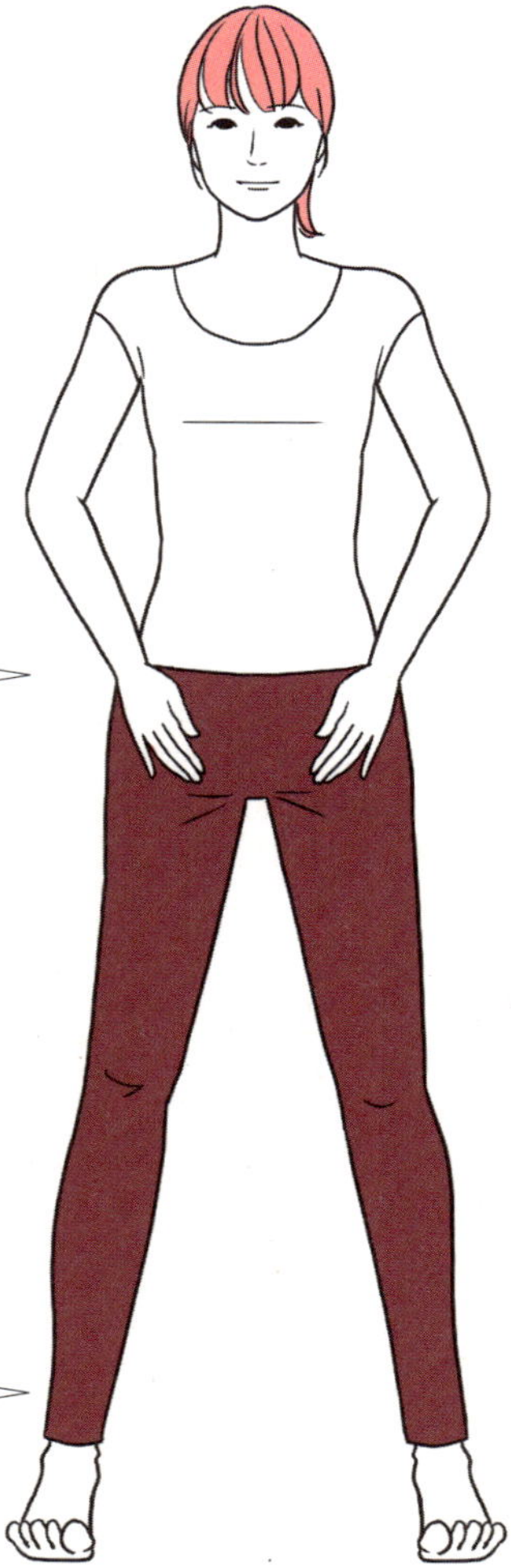

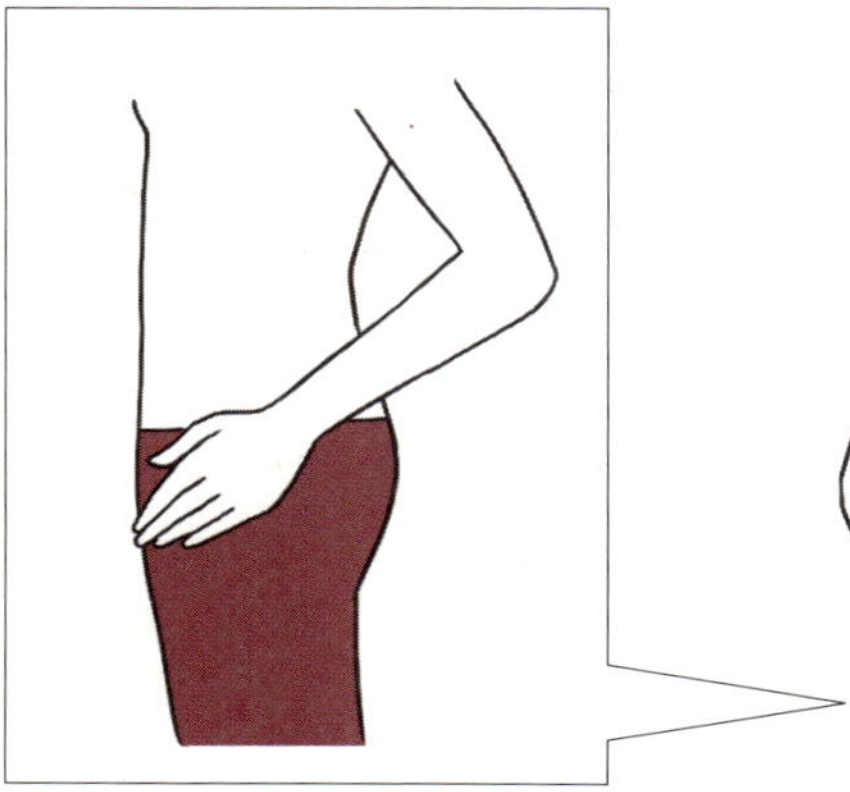

❶肩幅よりも広めにして、足の指を上げる。両手を脚の付け根に添えて。

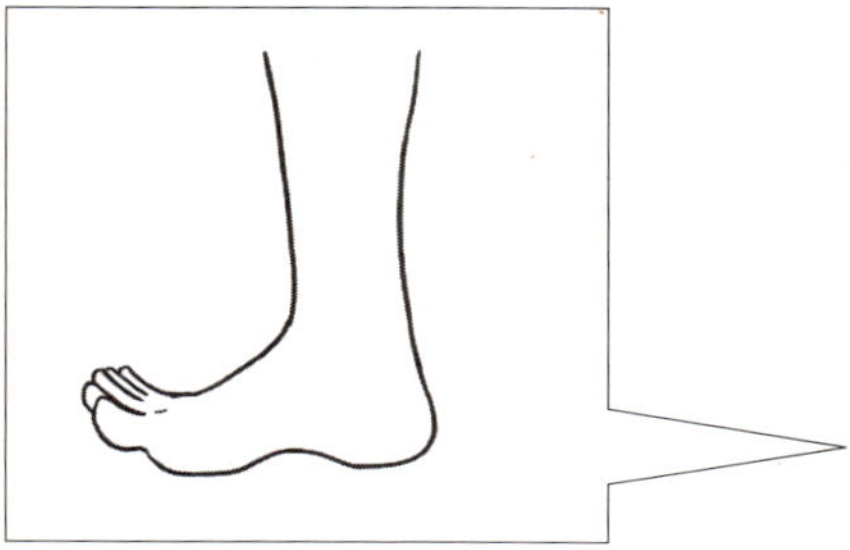

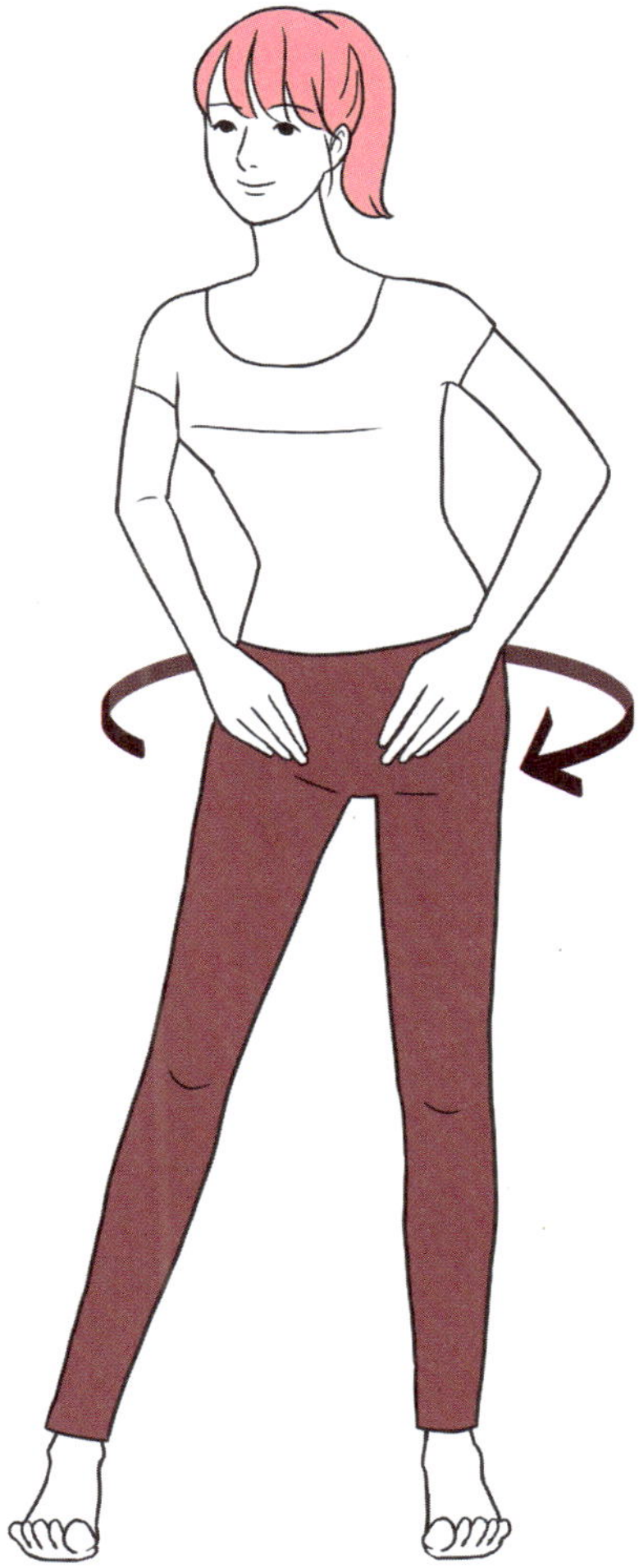

❸後ろ→左→前へ。これで1回転。3回回したら、今度は反時計回りに3回回す。

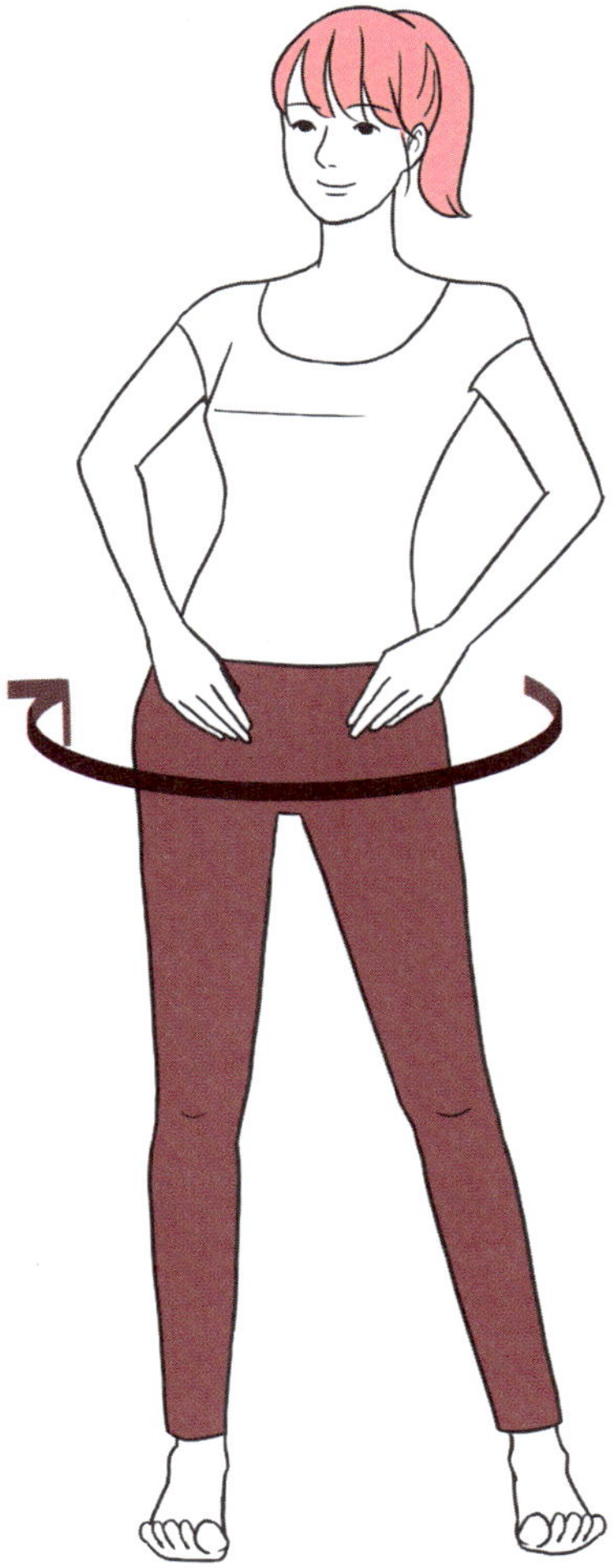

❷まず坐骨を前に出してから、回していく。太ももやひざの裏をのばしながら、脚の付け根が回るようなイメージで。そのまま右→後ろへ時計回りに。

さらにスタイルアップする強化エクササイズ！

ますますボディに磨きがかかる強化プログラム

毎日「坐骨回し」を続けていると、いつの間にか坐骨は正しい向きや位置になって、お尻の形もキレイになっていることに気づくことでしょう。脚も上半身も整った美しいボディになれます。先に紹介した「準備エクササイズ」と組み合わせれば、さらに効果的です。

運動が苦手な人でも、頑張らなくてもゆっくり行うことで、確実な効果を出すのが「坐骨回し」や「準備エクササイズ」のよいところなのですが、エクササイズに慣れた方には、少し物足りなさを感じるかもしれません。

そういう人は、**もっと早くキレイになれる「強化エクササイズ」にトライ**してみましょう。これまでと同じようにすべて1分間のエクササイズです。

できるエクササイズからゆっくりトライ！

「強化エクササイズ」は、坐骨まわりや脚うらにある「抗重力筋」（重力に反して体を上に持ち上げる縦に伸びる筋肉）の連動を強化するエクササイズ。下半身を整えると同時に、上半身の強張りや歪みにも働きかけます。**足から頭に至る主要な「抗重力筋」を一気に連動させてボディ全身を整えてしまう**わけです。

「強化エクササイズ」は、非常に効果が高いエクササイズですが、その反面、初心者にはややキツいかもしれません。

「抗重力筋」が衰えて体が硬くなっている人が「強化エクササイズ」をやると、足がつったり、痛みを感じる方もいると思います。

ひざ裏や脚の付け根以外がつったり、痛みを感じたら、そこでストップして休んでください。くれぐれも無理は禁物。「強化エクササイズ」をがんばるよりも、まずは「準備エクササイズ」と「坐骨回し」を行ってみましょう。

最初から全部できなくてもいいのです。「坐骨回し」に慣れてきたら、少しずつ「強化エクササイズ」もこなせるようになりますから、安心してください。

強化エクササイズ

うつぶせひざ回し
脚の抗重力筋を鍛える

脚のおもな抗重力筋すべてを使って、坐骨から股関節を整えます。1セットでヒップアップが期待できます。

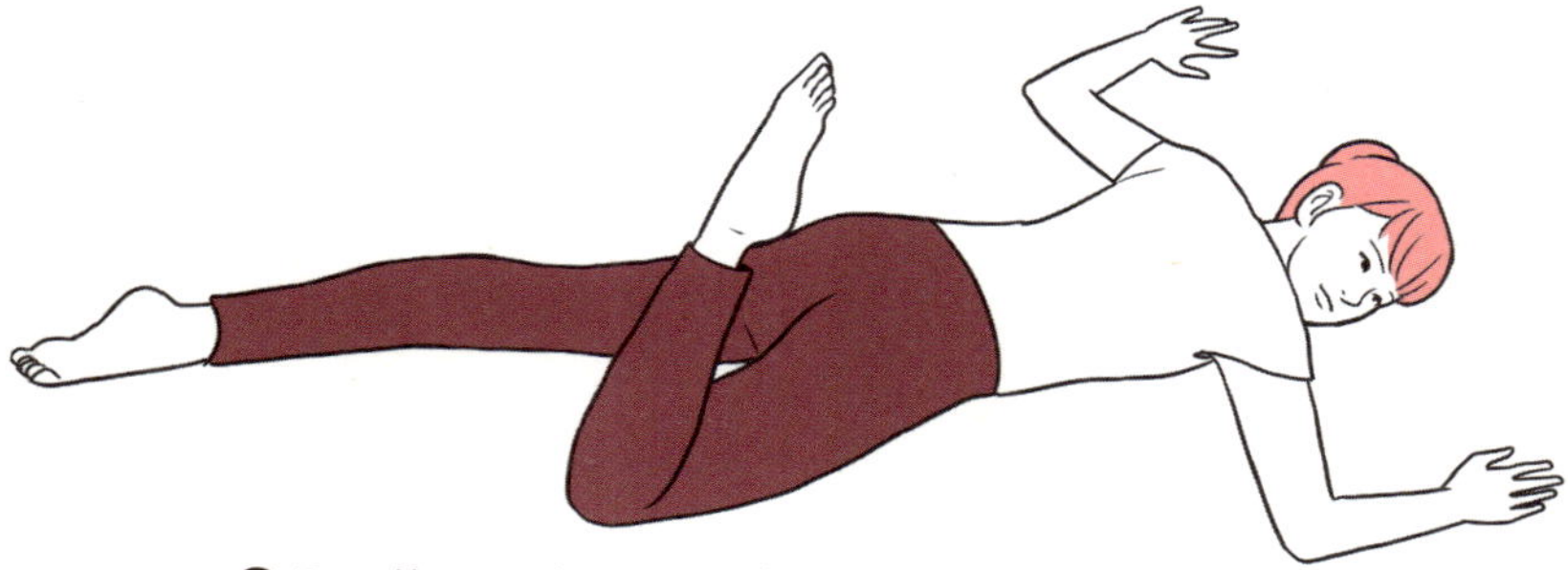

❶うつ伏せになり、両脚をそろえて足の指先を丸める。両ひじを曲げて手のひらを床につけ、顔は右側へ向ける。右のひざを曲げ、指は丸めたまま、つま先を天井向きに。

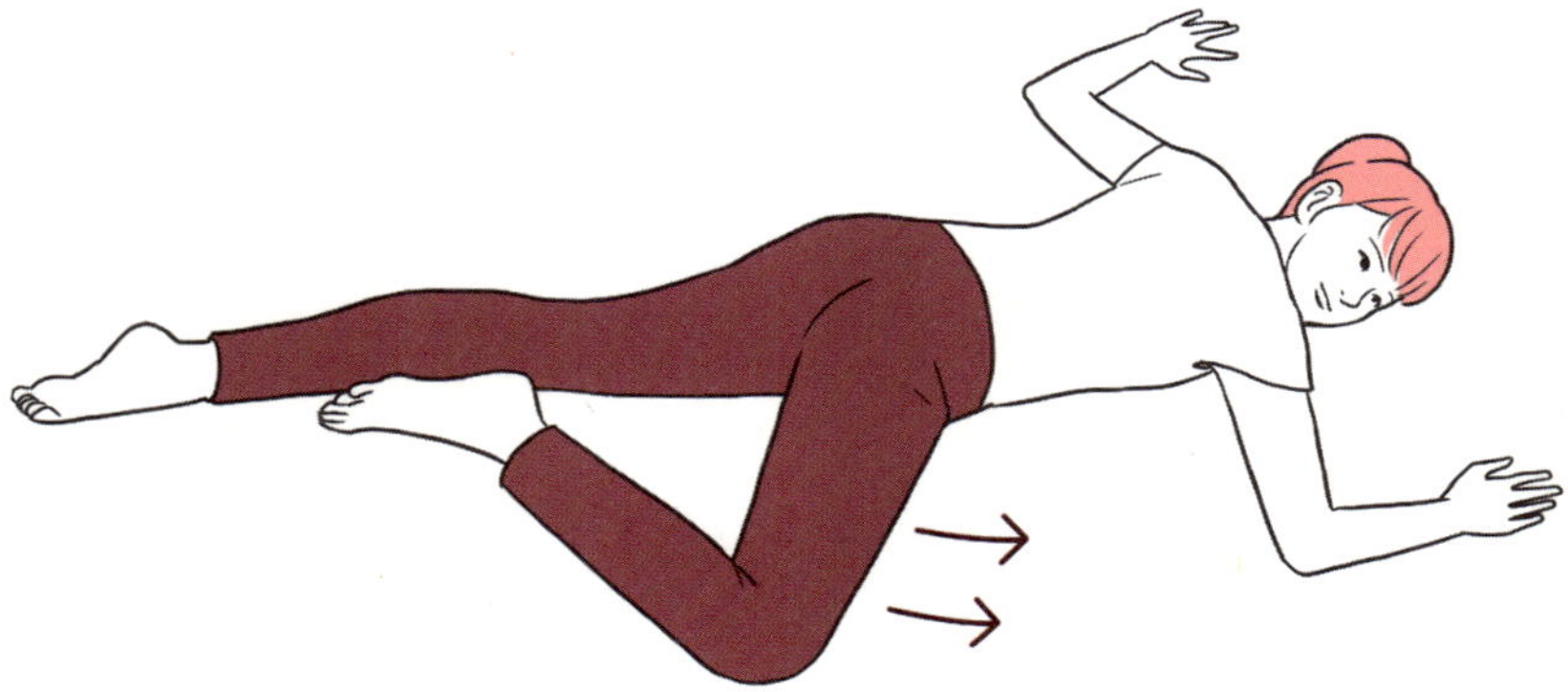

❷脚の付け根を床に押し付けながらひざを外に開いて、脚の内側を床につける。ひざをできるだけ胸に近づける。

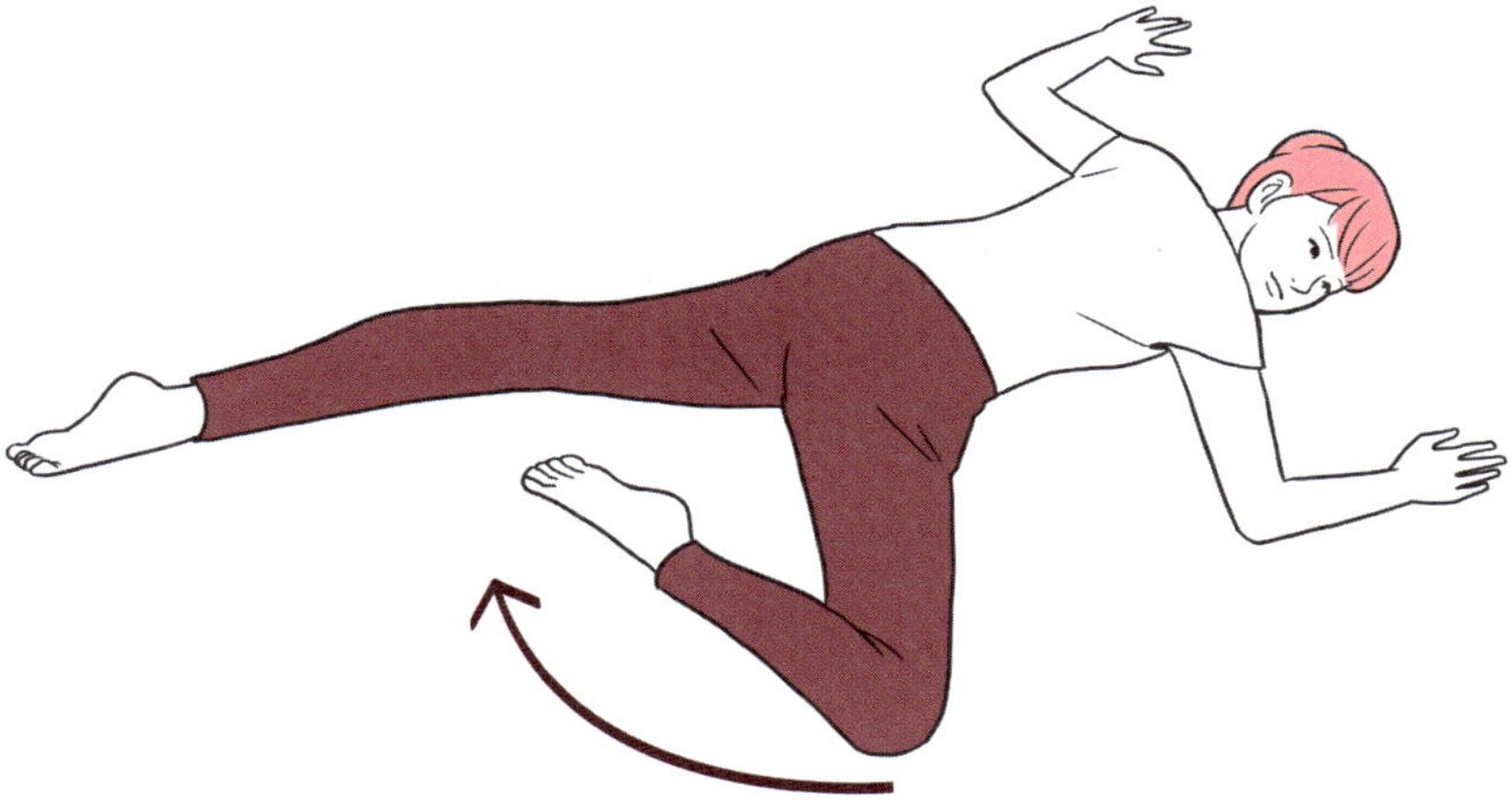

❸右ひざを床を擦るようにしながら、上から右横→右下に動かす。脚の付け根を床に押し付けながら、足底を左脚の内側につける。

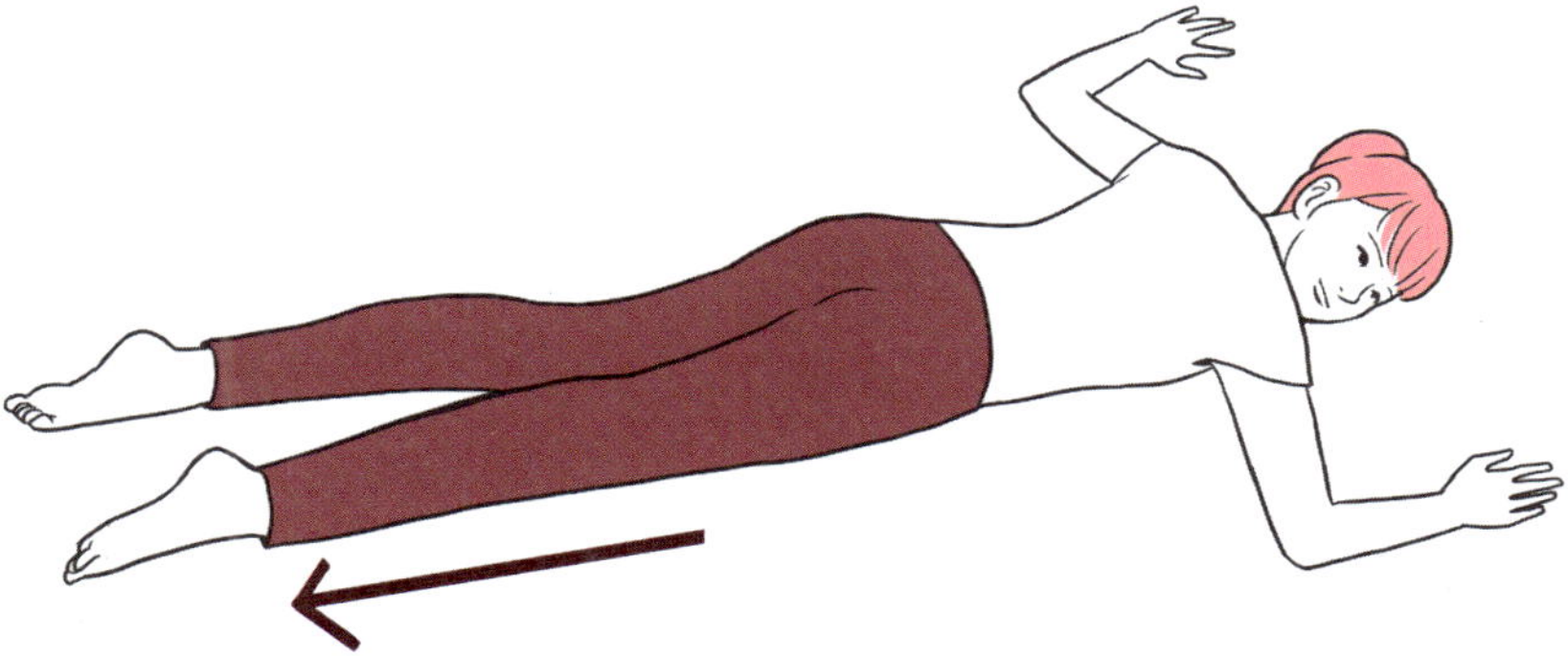

❹右足の裏を左脚の側面に沿わせながら右脚を真っ直ぐ戻していく。ここまでを３回繰り返したら左右を替えて、同じく３回行う。

強化エクササイズ

内筋伸ばし
脚の内側の筋肉を鍛える

足首から上半身まで、コンパスラインをまとめてキレイに。脚の歪みを改善する効果も高いエクササイズです。

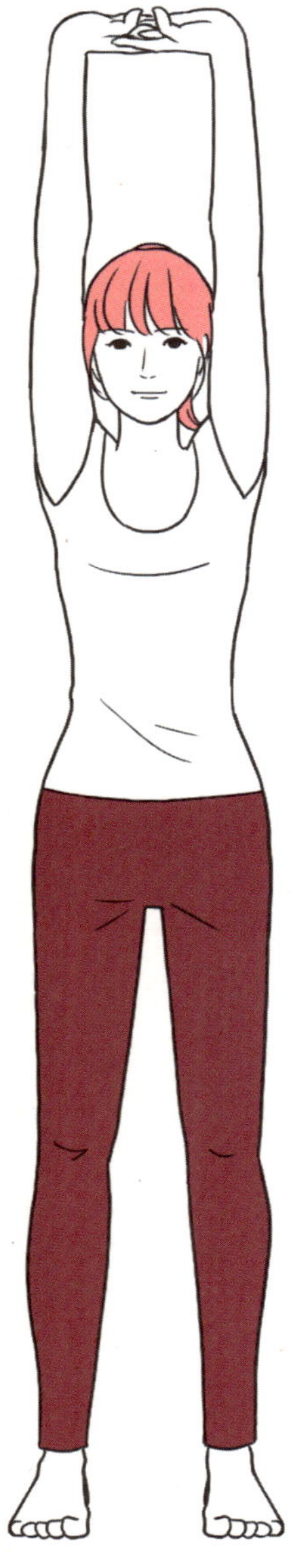

❶両足の間は、握り拳1個分開ける。両手の指を組んで真上にのばして。

❷左ひざを軽く曲げ、右脚を徐々に真横へずらしていく。足首はスキーのエッジを立てるようなイメージで。このとき、両方のひざは正面向きをキープ。

❸できるところまでずらしたら、元の姿勢に。今度は左脚も同様にして1セット終了。これを3セット行う。

強化エクササイズ

あおむけ坐骨回し
お腹まわりの抗重力筋を鍛える

足の裏全体をしっかり床から離さないのがポイント。ウエスト回りの抗重力筋を使って、くびれをつくる効果あり！　難しければ両手を広げて、手足両方で体を支えてやってみましょう。

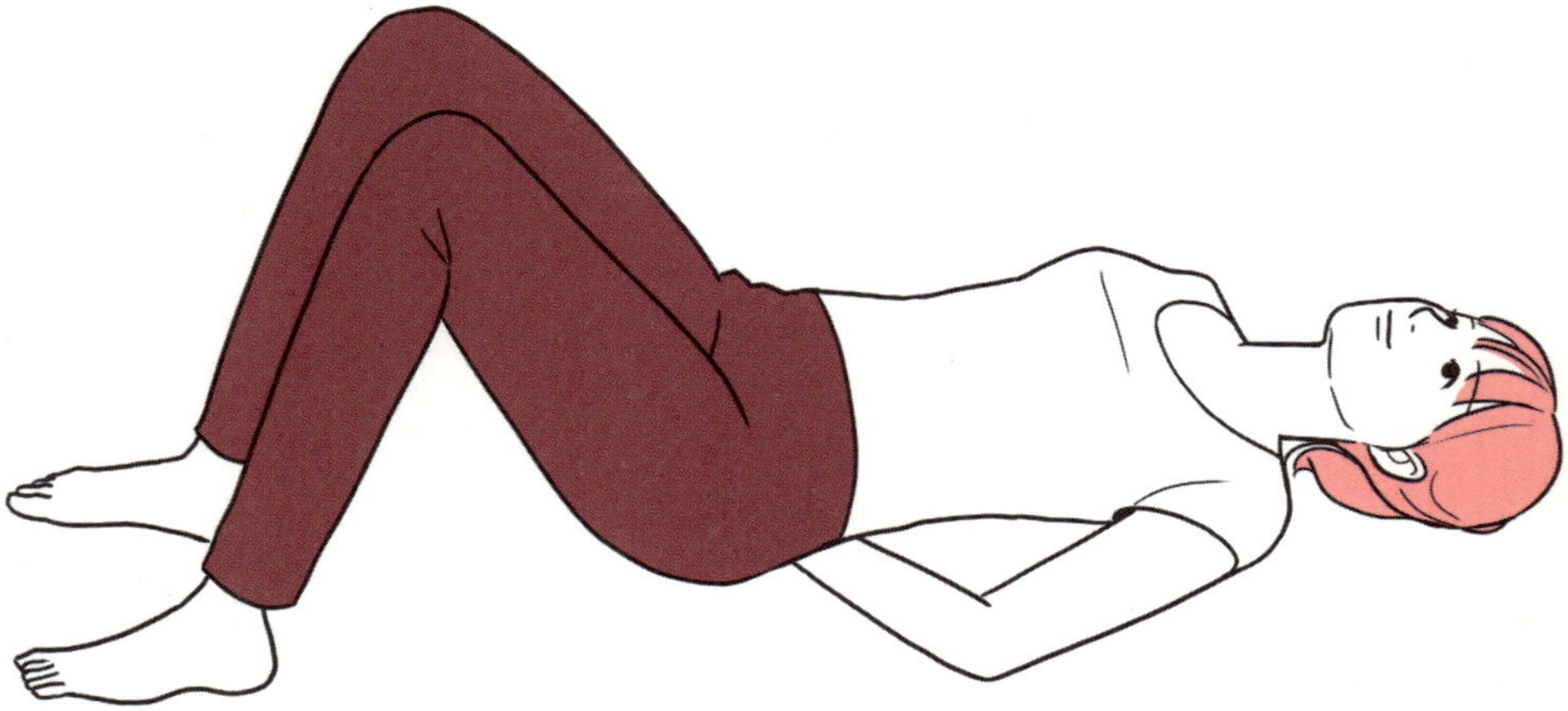

❶あおむけで両ひざを深く曲げる。足の裏をしっかりと床につけ、お腹を引きひざを真っ直ぐ立てて。目線は頭越しに向こうの床を見るように首を伸ばして。

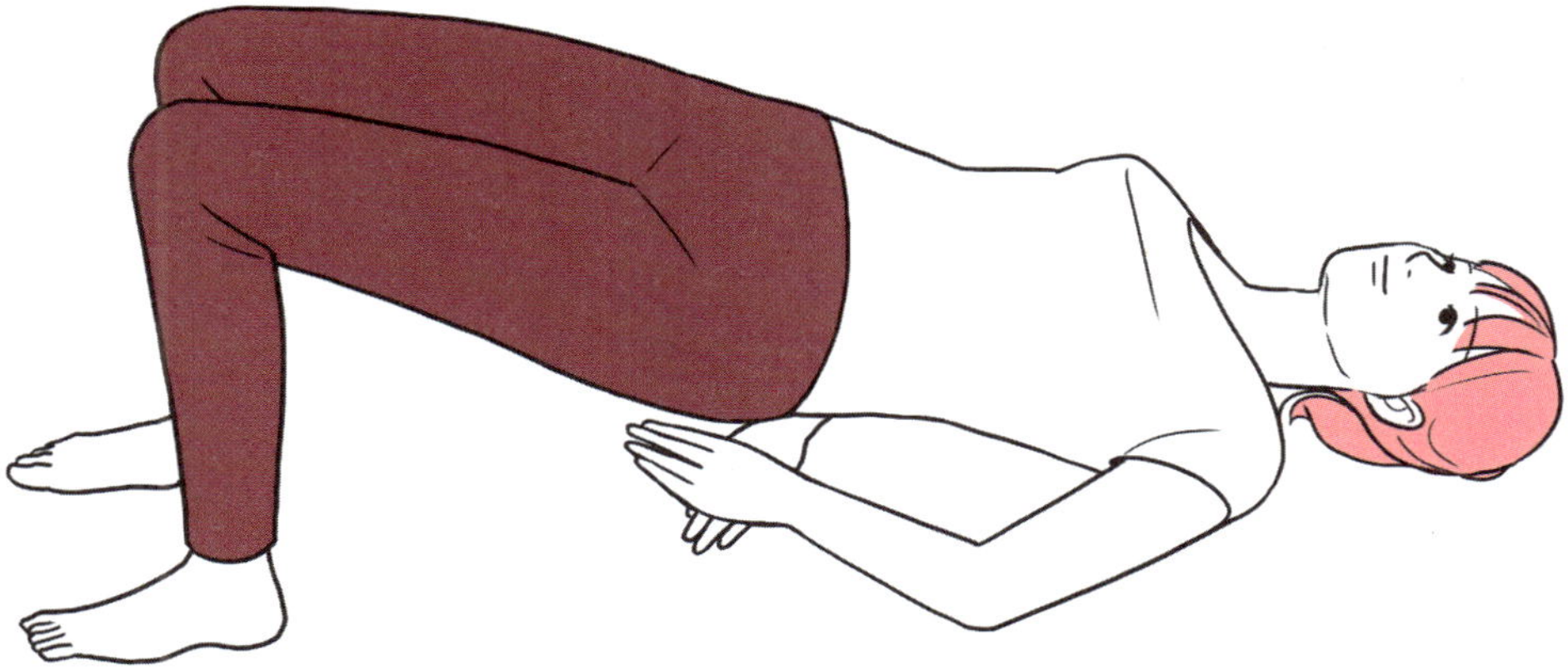

❷両手を坐骨の下に入れ、軽く指を重ねて持ち上げる。この体勢から「坐骨回し」を。時計回りに3回回したら、続けて反時計回りに3回行う。

強化エクササイズ

坐骨ほぐし
下半身全体の抗重力筋を鍛える

全身の抗重力筋を伸ばして、股関節の歪みをとるエクササイズ。骨盤も真っ直ぐに。初心者は脚がつりやすいから無理しないで。痛みを感じたら、すぐにやめましょう。

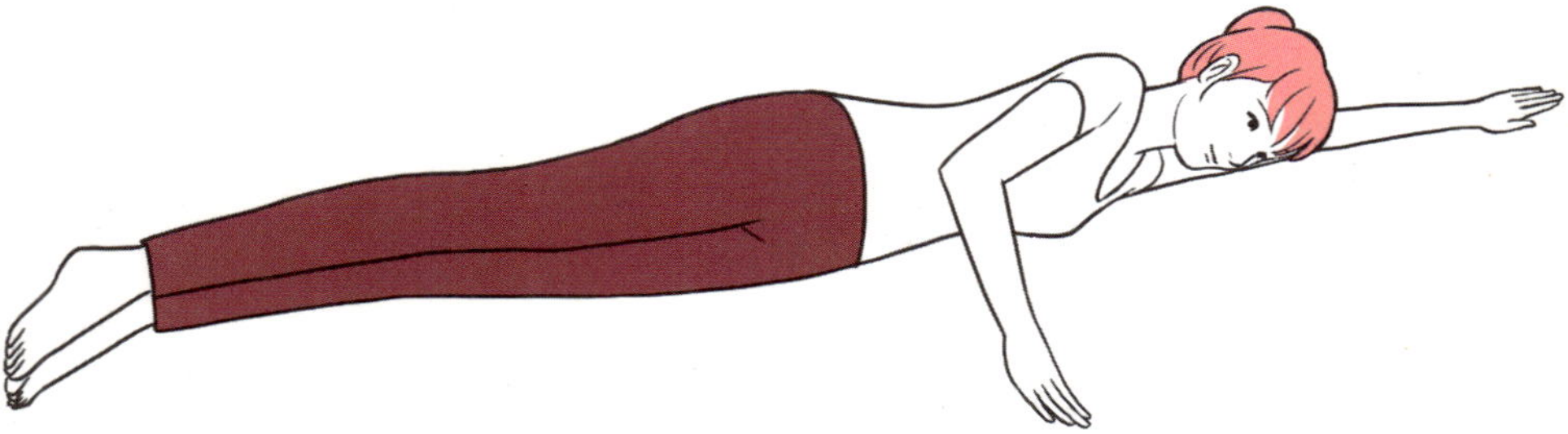

❶横向きに寝て両脚をそろえ、右腕をのばして、こめかみをのせる。左手はひじを軽く曲げて胸の前に。

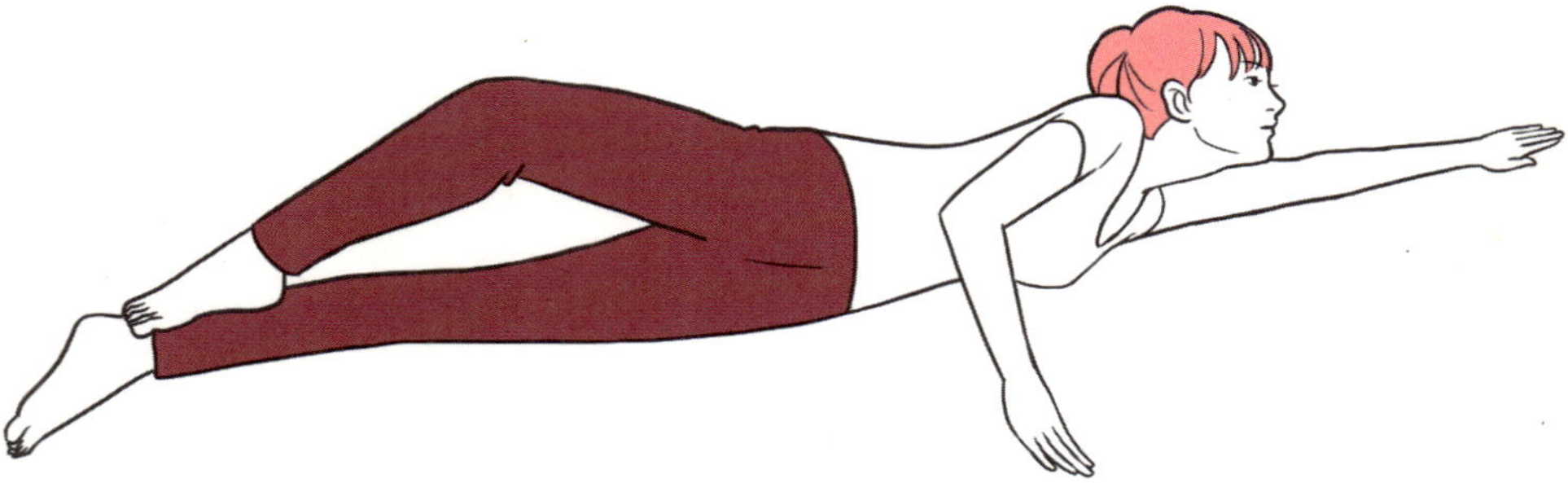

❷頭を後ろへずらして床につけ、目線は伸ばした右の指先に置き、上半身の力を抜く。右ひざを曲げて左脚の上に立てる。体がグラつかないように注意。足底を絞るとグラつかなくなる。

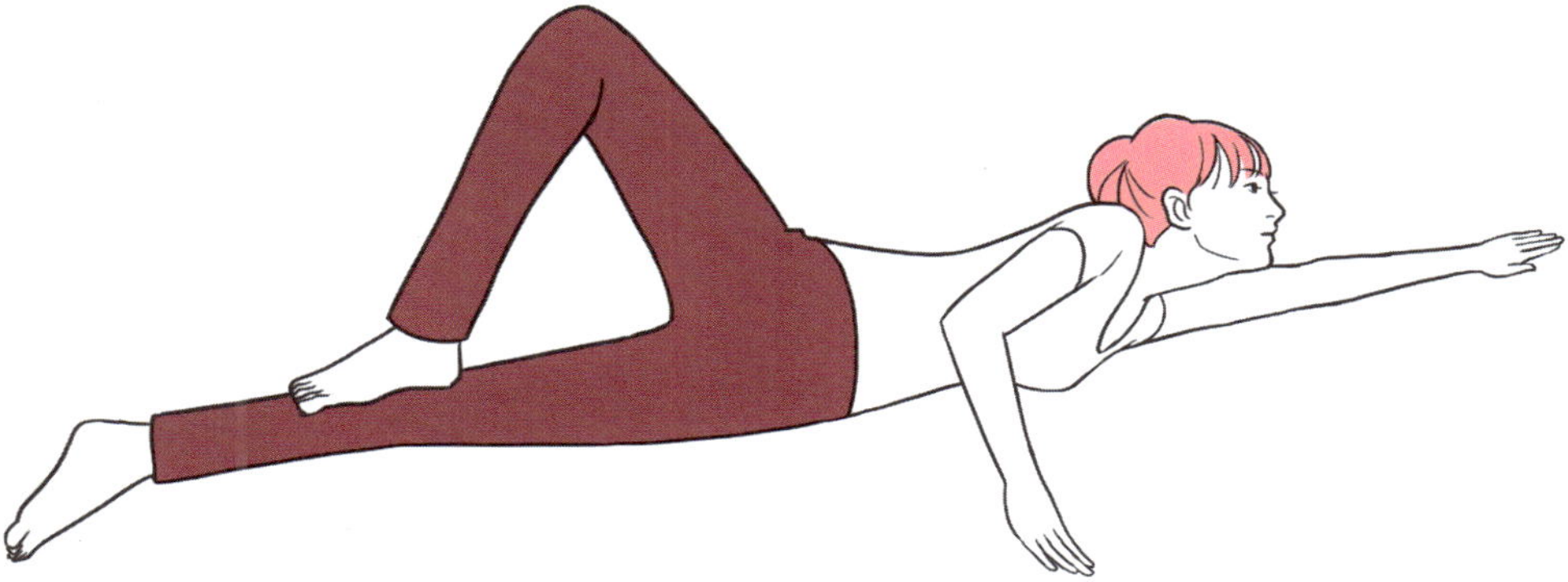

❸左脚に沿わせながら右足を動かし、右足のかかとが左ひざについたら、かかとでひざをしっかり確認する。

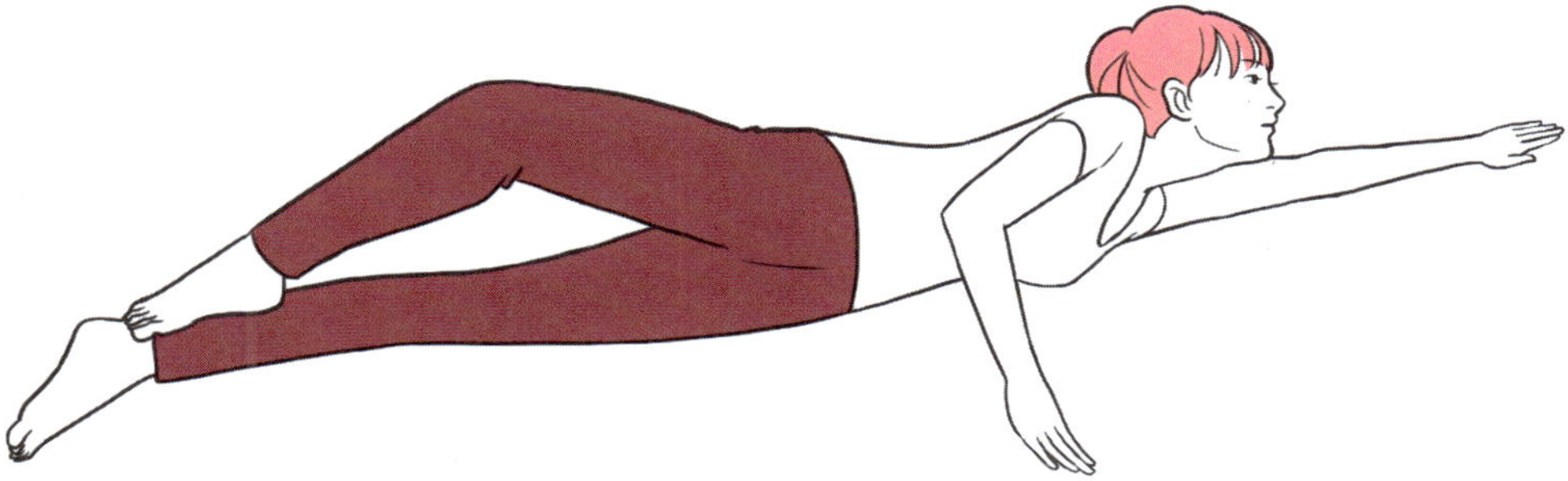

❹右足を左脚に沿わせながら、右足指が左足の内くるぶしにつくまでゆっくり伸ばす。右足指で左足のくるぶしを確認したら、またゆっくり左脚をなで上げながら動かすイメージで、右足のかかとを左ひざに戻す。❸→❹と5往復したら体を右向きにして、今度は左脚で5往復。これで終了。

Q&A

Q 「坐骨ほぐし」をやるとき、体がグラついてしまいます。

A 手のひらで上半身をしっかり支えて。下半身は、ひざ頭を天井へ向けてひざを立てることに慣れましょう。両方ともひざを立てられるようになってから、脚を動かしてみてください。

Q 「坐骨回し」で、動きがカクカクとなってしまうのですが……。

A 全身の抗重力筋を伸ばすため、筋肉が固まっているとスムーズに回りません。脚がつった場合は、無理しないで。痛みを感じたら、すぐに休みましょう。

Q 「うつぶせひざまわし」で、ひざを引き寄せたあと、脚を真っ直ぐに戻すのが難しいです。

A 戻す前に、いったん、ひざを外に出してから、ひざ下を意識して戻しましょう。同時に首を伸ばすとやりやすいはず。

Q 「ひざ裏たたき」のとき、トントンと軽くたたくことができません。

A 太ももに力が入り過ぎています。太ももの上に手をおいて、確認を。ひざを曲げた状態からスタートして、ひざを落とす感じで行ってもよいでしょう。

Chapter 4

なぜ坐骨を整えると、下半身からやせるの？

「坐《ざ》骨《こつ》」ってどこにあるの？

「坐骨」の場所を確認してみましょう

まずは自分の「坐骨」を確認してみましょう。太ももの後ろを手でつかんで、そのままお尻のほうになで上げてください。太ももとお尻の境目の、少し内側に硬い部分がありますね。この骨が坐骨です。

坐骨の「坐」は、訓読みだと「すわ（る）」。今では「座る」が一般的ですが、昔は「坐る」と書いていました。**「坐」という漢字は『人がお尻を土の上につけた状態』を表している**のだそうです。漢字の意味からも、坐骨とお尻には深い関係があることがわかります。お尻が土に当たる部分、そこにある骨が坐骨なのです。

骨盤

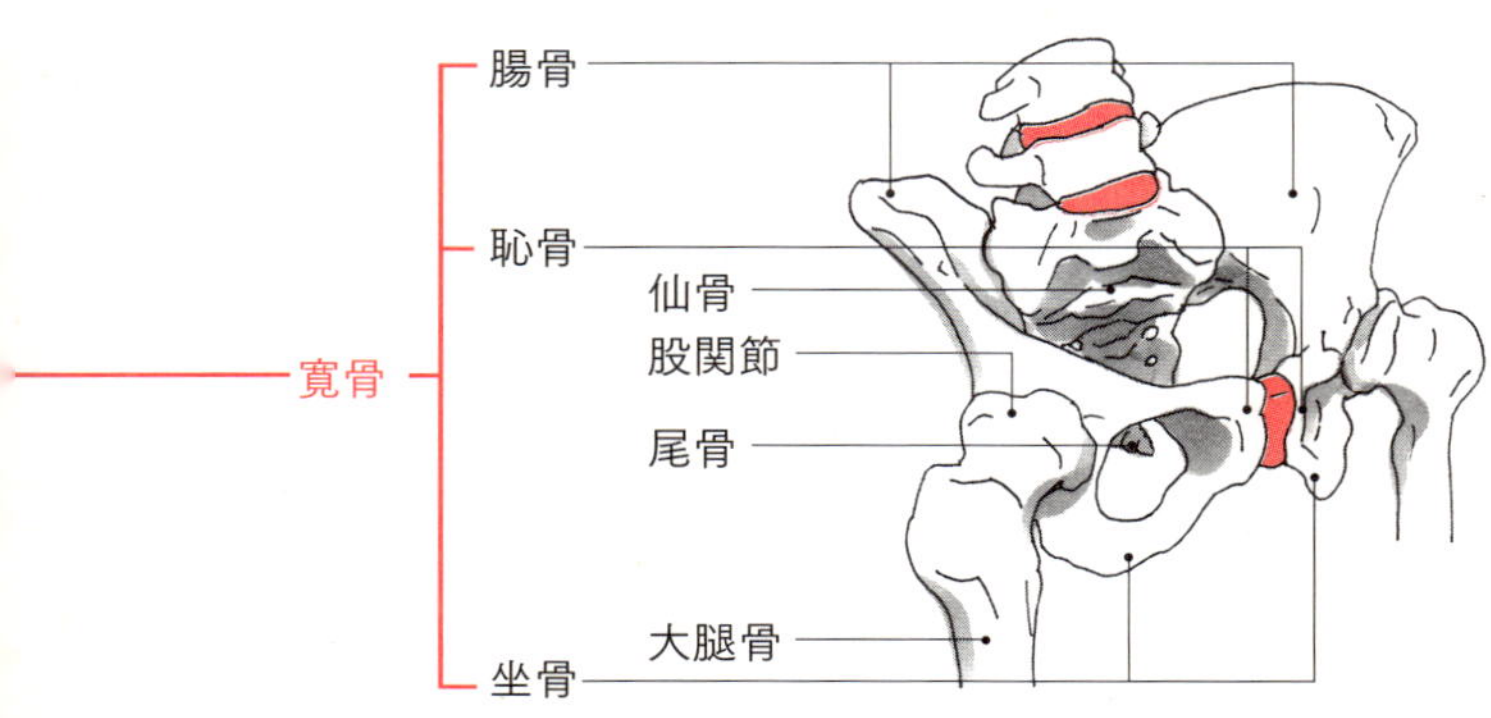

坐骨は骨盤の土台のようなもの！

骨盤のうち坐骨、恥骨《ちこつ》、腸骨《ちょうこつ》は左右一対になっています。骨盤でもっとも大きな骨は腸骨。その下にある小さな骨のうち後ろにあるのが坐骨で、前が恥骨です。

これら3つの骨は、生まれたときには独立していますが、10代後半くらいから境目がなくなってきて、20代前半には完全に一体化します。これを寛骨《かんこつ》と呼びます。とても大きい腸骨を、小さな坐骨と恥骨が支えているようにできあがったのが寛骨なのです。

3つの骨の結合部（腸骨を坐骨と恥骨が支えている場所）は、寛骨臼《かんこつきゅう》という窪みになっていて、この窪《くぼ》みに大腿骨の端（大腿骨頭《だいたいこっとう》）がはまってできた関節が、股関節です。

骨盤のなかで、もっとも大きな腸骨を支えている坐骨と恥骨。まさに、骨盤全体の土台のようなもの。小さいのに、とても重要な役割を担っている骨なのです。

寛骨（外側から見た右の寛骨）

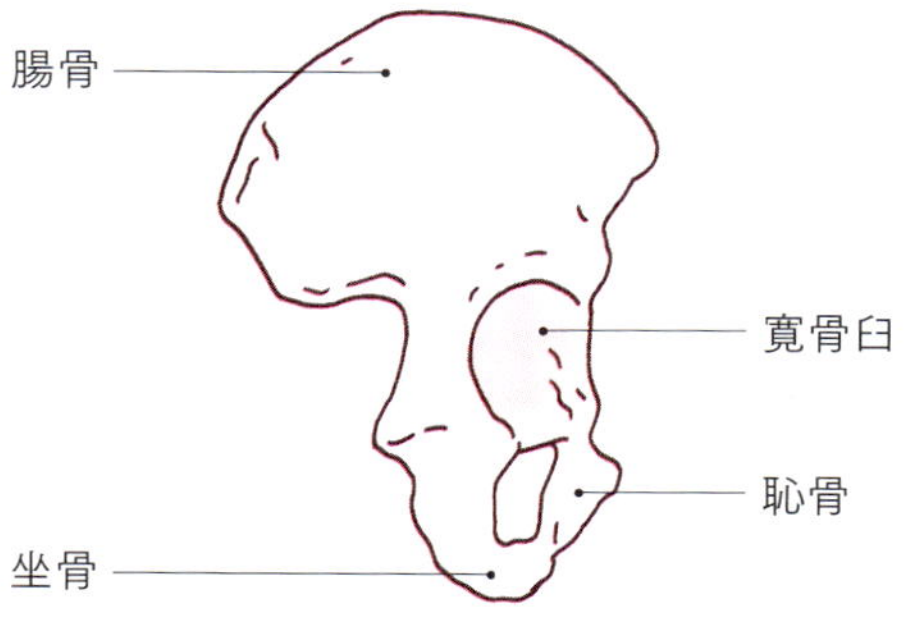

現代人は坐骨がズレています！

イスに長時間座る生活がズレを招く！

骨盤の土台であると同時に、股関節《こかんせつ》で脚にもつながっている坐骨。上半身と下半身の両者を連結するのに大事なパーツです。でも、**この坐骨は、とてもズレやすい骨**でもあるのです。

その原因は、現代人がイスに座る時間が長いということと関係しています。イスに座るときは、正しく「坐骨座り《ざこつすわ》り」（13ページ）をしないと、坐骨はズレてくるのです。

前述したように、坐骨は寛骨の「土台」。その寛骨は斜め下から仙骨をはさみこんでできています。これを仙腸関節《せんちょうかんせつ》といいます。仙骨の上にあるのが33個の椎骨が重なってできている背骨です。下から腰椎《ようつい》、胸椎《きょうつい》、頸椎《けいつい》の順に重なり頭がい骨をのせています。

頭がい骨は5～6キロもあり、その重さは、この椎骨を通って仙腸関節で二分され、左右の寛骨に伝わります。あなたが立っているなら、さらに股関節を経て、両脚へ。そして、地面に接している足の裏へと至ります。人はこのようにして、二本足で立っているのです。

イスに座っているときはどうでしょうか。上半身の重みが左右の寛骨に分かれるまでは同じです。でも、寛骨の下にはイスの座面がありますから、重みは両脚に伝わりません。では、その重みを支えているのは？　もうおわかりでしょう。寛骨の下で座面に接している骨、つまり左右の坐骨です。

両脚と同じ役目を小さな坐骨にさせているのですから、その負担はとても大きくなります。このため坐骨にズレが起きるのです。

1日の大半を座って過ごしている現代人は、坐骨を酷使し続けているようなもの。坐骨がズレるのは当たり前とも言えます。

坐骨は、前後左右、高さまでズレている！

坐骨のズレには大きく分けて2タイプあります。

まず坐骨の向きが本来と違うほうを向いてしまう「方向ズレ」。もうひとつは左右の坐骨が不ぞろいになってしまう「位置ズレ」です。

「方向ズレ」には、坐骨が後ろに傾きすぎている場合（骨盤が前傾する場合）と、その逆で前に傾きすぎている場合（骨盤が後傾する場合）があります。

パソコンやスマホを何時間もいじっている人や、毎日デスクワークで忙しい人は、前傾姿勢でイスに座るクセがついています。こういう人は**坐骨が後ろにズレやすい**のです。

逆にイスの背もたれに寄りかかってばかりの人や、車の運転の際にリクライニングを深めにしている人などは骨盤が後傾し、**坐骨が前にズレやすくなります。**

「位置ズレ」には、坐骨の高さが左右でズレている場合と、どちらかの坐骨が前に出て、反対側が後ろになり前後でズレている場合があります。

位置のズレは左右の脚のアンバランスから生じます。

高さがズレるのは、左右の坐骨に均等に重さがかかっていない人。たとえば、右脚を上にして脚を組んで座る人や、デスクに左肘をついて体を支えるクセのある人は右側の坐骨が高く、左側が低くなっています。

前後にズレるのは、体をひねるクセのある人。体を左にひねりながら座っていたり、右脚を前に投げ出して座ってばかりいると、右の坐骨は正しい位置より前になり、左の坐骨は後ろになり、ズレが起こるのです。

パソコンの位置やテレビの位置が体の正面にない場合も、坐骨が前後にズレがちなので、注意してください。

坐骨が体型を決める！

坐骨と恥骨がズレると骨盤が歪む

坐骨の向きや位置がズレても、なかなか自分では気づけません。小さい坐骨は、ズレ幅も大きくないので、目立たないのです。でも、この小さなズレは無視できません。放っておくと大変な結果につながるからです。

坐骨のズレの影響が最初に出るのが、恥骨。坐骨と恥骨は一体になって寛骨を形成しているからです。坐骨が前にズレると恥骨も連動して前にズレます。両者はセットでズレるのです。

前述したように坐骨と恥骨は、骨盤のなかで一番大きな腸骨を支える土台となっています。坐骨と恥骨は寛骨のパーツとして腸骨とつながっています。

坐骨と恥骨の向きがズレると、腸骨の向きもズレますし、坐骨と恥骨の位置がズレると、腸骨の位置もズレます。**小さな坐骨と恥骨の向きと位置のズレが、骨盤のなかで一番大きな骨である腸骨のズレになる**のです。

すると、外から見てもわかるほど、**骨盤の形がはっきりと変わってしまう**のです。

坐骨のズレはドミノ倒しのように全身に広がる！

坐骨のズレが、恥骨と腸骨のズレを呼び、骨盤が歪むと、その影響はさらに広範囲に波及します。次に**影響を受けるのは、寛骨の腸骨がつながる2つの関節、「仙腸関節」と「股関節」**です。

「仙腸関節」は、左右の腸骨が、仙骨《せんこつ》を斜め下からはさむようにしてできた関節。骨同士が噛み合うようになっていて、この噛み合わせ面を耳状面《じじょうめん》といいます。

坐骨のズレによって腸骨の向きや位置がズレると、この耳状面の向きや位置もズレてきます。すると、骨同士の噛み合せが歪んでしまい、**仙骨の向きや位置まで変わってしまう**のです。これが「関節歪み」です。

内側から見た
右の寛骨

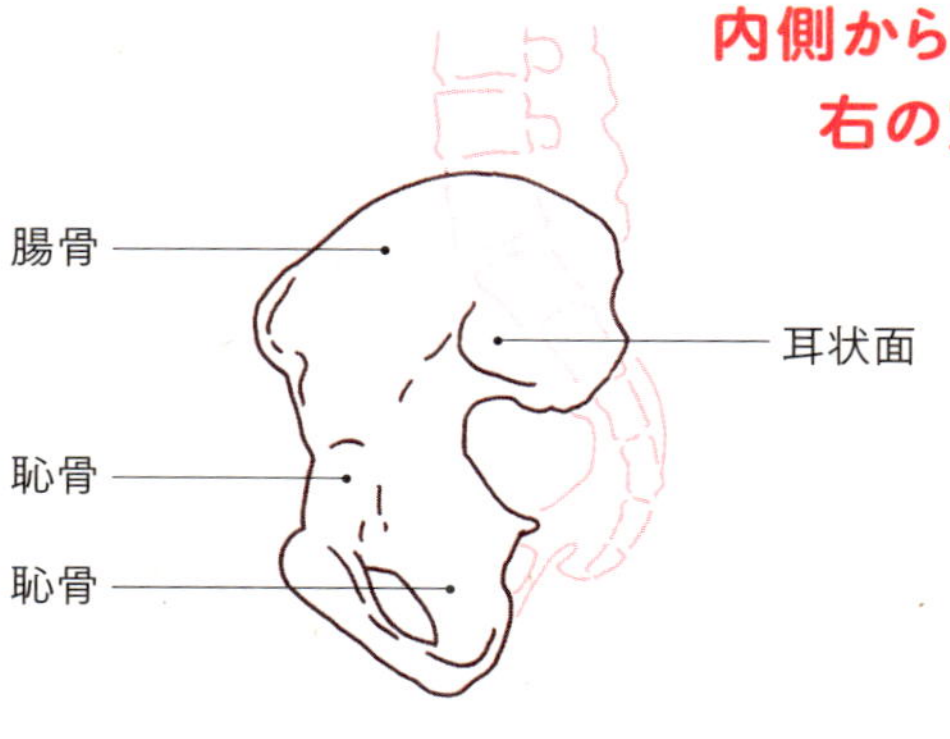

股関節も「関節歪み」になります。坐骨がズレて寛骨もズレると、股関節をつくる寛骨臼（51ページ参照）の向きや位置が変わるからです。すると股関節も歪んで、**大腿骨《だいたいこつ》の向きや位置もズレてしまいます。**

仙骨や大腿骨のズレだけに留まらず、悪影響はさらに波及します。仙骨の先にある尾《び》骨《こつ》（椎骨）や、仙骨の上に連なる背骨（椎骨）がズレたり、大腿骨の先にあるひざ関節が歪むというように、骨から関節、さらに先の骨へと、どんどんズレや歪みが連動していきます。**坐骨のズレを放置すると、その影響がほかの骨や関節や筋肉にも広がって、骨格がさらに歪んでしまう**のです。

坐骨まわりに余分な硬い筋肉が発達！

座ったときに坐骨に負担をかけることで生じる坐骨のズレ。立ち上がってしまえば、元に戻るのでは？　と思う方もいるかもしれません。でも、そんなに甘くはないのです。座っているときにズレた坐骨を元に戻させない邪魔者がいるのです。

邪魔者の正体は筋肉。

骨がズレたり、関節が歪むような状態とは、それらの骨や関節部に強い負荷が集中しているということ。負荷が強くかかっている場所では、筋肉が硬く発達してきます。この筋肉のせいで、ズレや歪みが戻らなくなるのです。

筋肉の役割は体を動かすだけではありません。体をじっとさせ、同じ姿勢をキープする、つまり骨を静止させる役割もあります。この「静止」が問題です。

坐骨がズレたままイスに座っていると、これらの骨をズレたまま静止させるように筋肉を鍛えてしまうのです。しかも、こうした「静止させる筋肉」は、しなやかに伸縮《しんしゅく》して体を動かす筋肉とは違い、硬く強張《こわば》ったまま動きにくい性質を持っています。たとえるなら、きつく巻いた包帯やギブスのようなもの。

筋肉がこうなってしまうと、ズレや歪みは戻りにくくなります。立ち上がっても、坐骨や恥骨、腸骨のまわりの筋肉は硬いまま。座っているときと同じように、ズレや歪みを維持し続けてしまうのです。

お尻の形が崩れてしまうワケ

セルライトもどんどん増えてくる！

座骨と恥骨、腸骨からなる寛骨と、仙骨と尾骨で構成される骨盤や股関節のまわりには、たくさんの筋肉が複雑に入り組んでいます。

寛骨の外側には大殿筋《だいでんきん》、中殿筋《ちゅうでんきん》、小殿筋《しょうでんきん》といった外寛骨筋《がいかんこつきん》があり、これらは大腿骨上部の外側にある大転子《だいてんし》につながっています。寛骨の内側にあるのは、大腰筋、小腰筋、腸骨筋《ちょうこつきん》といった内寛骨筋《ないかんこつきん》。大腿骨の内側の小転子《しょうてんし》へつながっています（60ページ参照）。

これらの筋肉のおもな役目は、上半身の重みを支えながら体を動かすこと。もともとはやわらかくてしなやかなのです。しかし、骨がズレたり、関節が歪みながら負荷がかかると、そのまわりの筋肉は硬くなっていきます。この硬くなるメカニズムにはセルライトが関与しています。

骨や関節にズレや歪みが出はじめると、そうした不具合が進行しないように脳は筋肉で守ろうとします。ズレや歪みの周囲にある筋肉に、どんどん不具合を修正するための予備脂肪を送り込みます。このエネルギーは硬い脂肪の球になって筋肉のなかに溜め込まれます。これこそがセルライト。**硬い筋肉にはセルライトが貯蔵されていることが多い**のです。

　これぞ悪循環の始まりです。血行がさらに悪くなり、ズレや歪みが戻らないので、脳は「まだ不調」と判断して、さらにエネルギーを送ります。そのエネルギーは、やがて筋肉のなかには納まりきらなくなります。筋肉の外側にまで脂肪を蓄えはじめるのです。

坐骨まわりの筋肉（後ろ側）

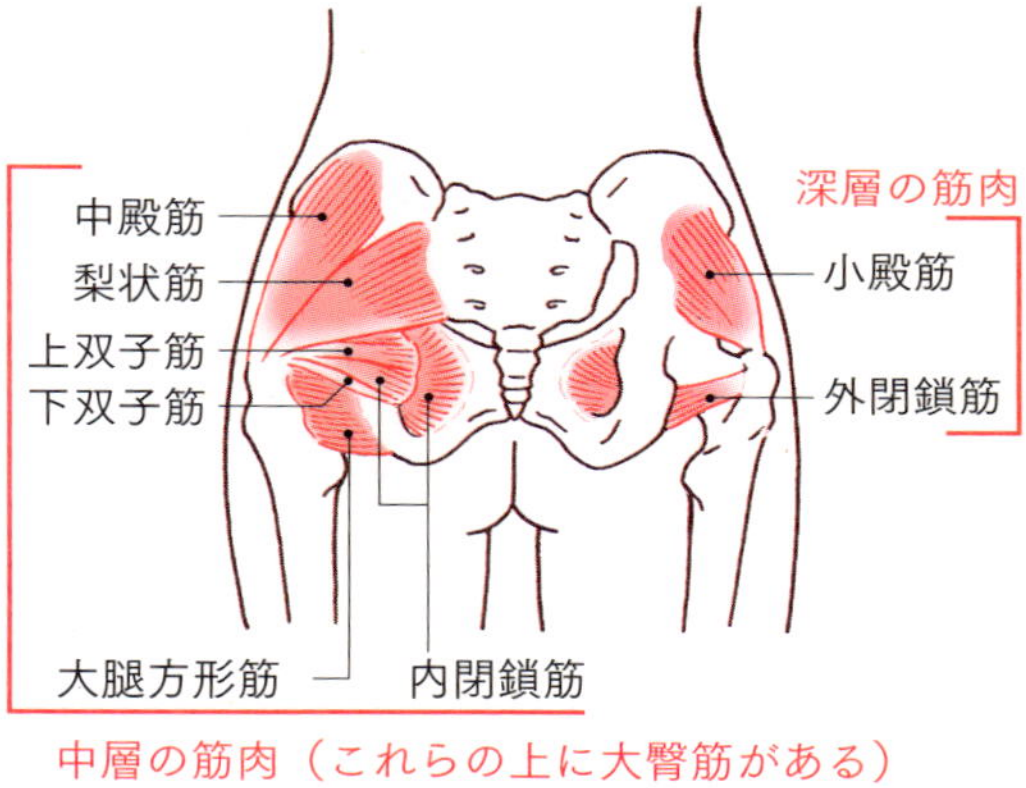

坐骨まわりの筋肉（前側）

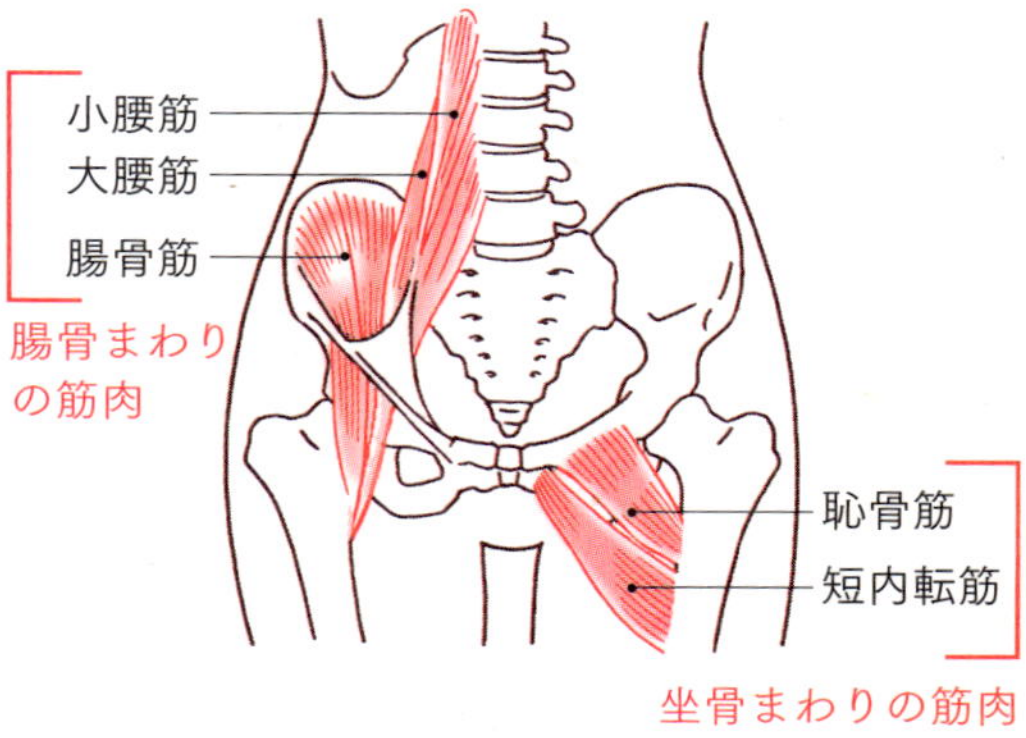

そして、全身の皮下脂肪として増えていきます。

坐骨のズレのせいで、骨盤もズレて、仙腸関節や股関節も歪み、筋肉が硬くなって、脂肪が増えていく。硬くなった場所では、血液やリンパの流れも悪くなり、新陳代謝が落ちて、むくみやすくなります。**代謝が悪いのにエネルギーは送り込まれるため、脂肪はなくなるどころか、むしろ増えていきます。これが「下半身太り」の正体**です。

お尻の大殿筋にも悪影響が！

骨盤まわりの筋肉で、外側のお尻の形を大きく変えてしまうのが大殿筋。お尻全体をカバーするように、腸骨上部から大腿骨上部までつながりしっかり骨盤を守っています。

坐骨がズレて、腸骨がズレ、さらに股関節が歪み、大腿骨もズレるということは、両サイドの大殿筋も横に広がってズレるということです。

このズレのせいで、さらに大殿筋が硬く発達してそこにセルライトがつくと硬い角張ったドカンとした大きなお尻になるか、もしくはプヨプヨと重みで下がった大殿筋にセルライトが溜まったただるんとしたお尻になってしまうのです。

坐骨のズレ方でヒップラインが乱れる

坐骨のズレは余分なセルライトを増やすだけではありません。下半身の骨格そのものも変えてしまいます。

坐骨が後ろにズレると、左右の腸骨は前方へ倒れます。坐骨が後ろにズレて腸骨が前に傾くと、尾骨が後ろに出て骨盤全体が前傾し、お尻がいわゆる〝出っ尻〟になるのです。すると上半身の重みが仙腸関節に負荷をかけ、腸骨と仙骨のあいだが開き、腰幅が広くなります。

腰の幅は仙腸関節の開き具合で決まります。ですから、**腸骨が前に倒れると、腰幅は広くなる**のです。股関節も歪んで大転子までも横に張り出してきます。腰幅も脚の付け根の幅も広くなるわけです。それを覆う大殿筋が硬くなり、セルライトが蓄積《ちくせき》。形が四角い、**ムダ肉の多い「ピーマン尻」**になります。

坐骨が逆に前のほうにズレた場合は、左右の腸骨が後ろに倒れます。腸骨が後ろに倒れると、足底から連動する**抗重力筋が衰えてひざが曲がりやすく**なり、２本の脚につながる大殿筋も低い位置になります。位置が下がった大殿筋にセルライトが溜まっていき、**下膨《しもぶく》れの「洋ナシ尻」**になるのです。

坐骨位置のズレについても説明しましょう。

まずは高さのズレ。たとえば右の坐骨が下がっている人は、座っているときに骨盤の右側に負荷がかかります。右側の大殿筋が硬くなって、セルライトや脂肪も右側に溜まります。右が大きく左が小さい、左右アンバランスなお尻になるのです。

左右で前後にズレている場合も同じ。右の坐骨が前に出て左の坐骨が後ろに下がっている人、つまり上から見て腰が左に回旋している人は、右の腸骨も前に出てきます。右の大殿筋が硬くなってセルライトや脂肪が増え、右のお尻が大きく太り下がってくるのです。

骨盤が開くとは？

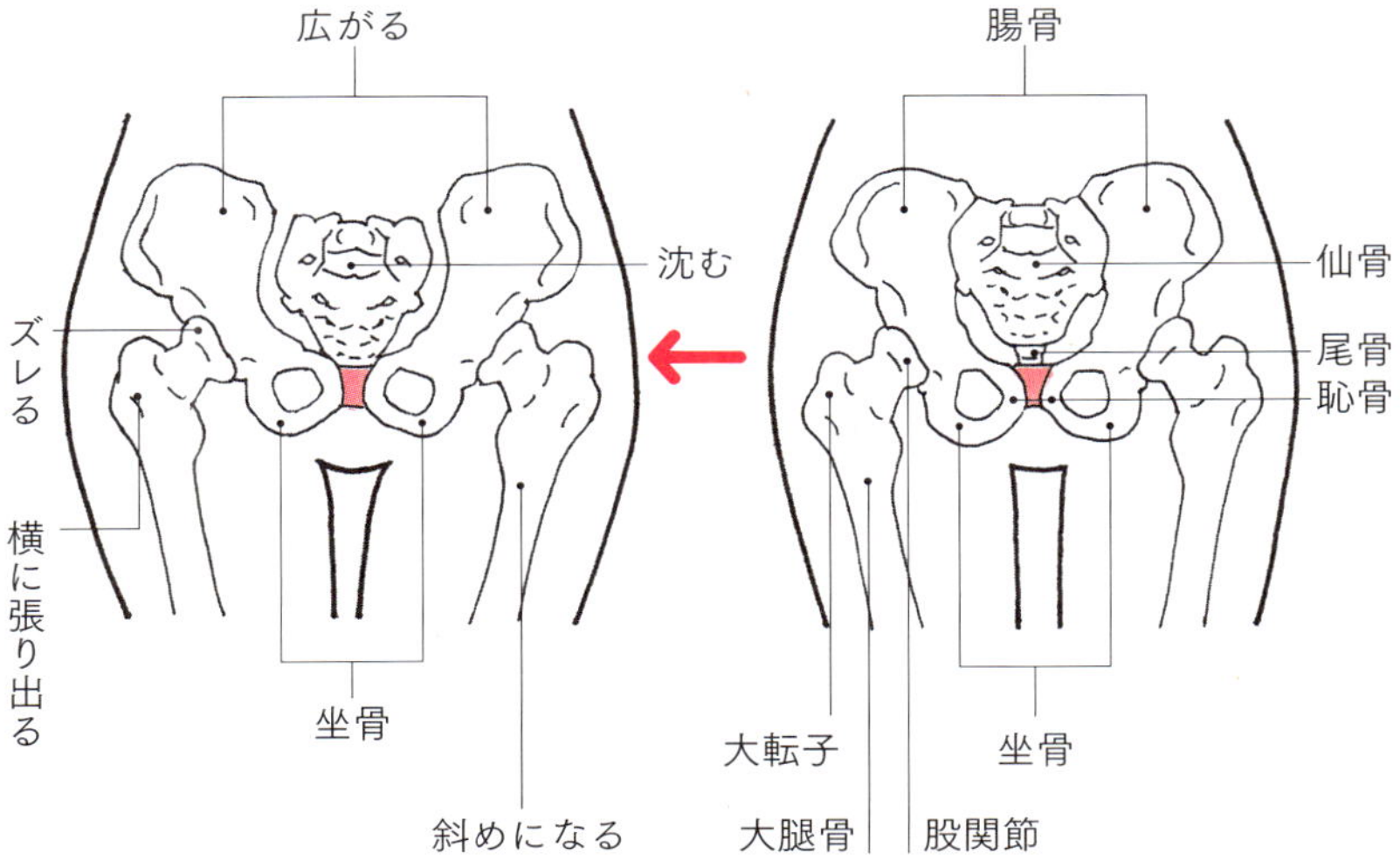

坐骨と姿勢の深い関係

X脚、O脚、XO脚…の原因とは？

坐骨のズレによって起きる問題は、お尻だけではありません。坐骨、恥骨、腸骨の結合部にある寛骨臼に、大腿骨頭がはまっているのが股関節。坐骨がズレると股関節の寛骨臼もズレ、大腿骨頭や大腿骨までズレて斜めになってしまいます。この場合、大腿骨は回旋して斜めになります、つまり太もものの向きが変わってしまうのです。

太ももの向きが変われば、ひざ関節が歪んで、ひざから下の骨もズレ、向

坐骨がズレると脚が曲がる！

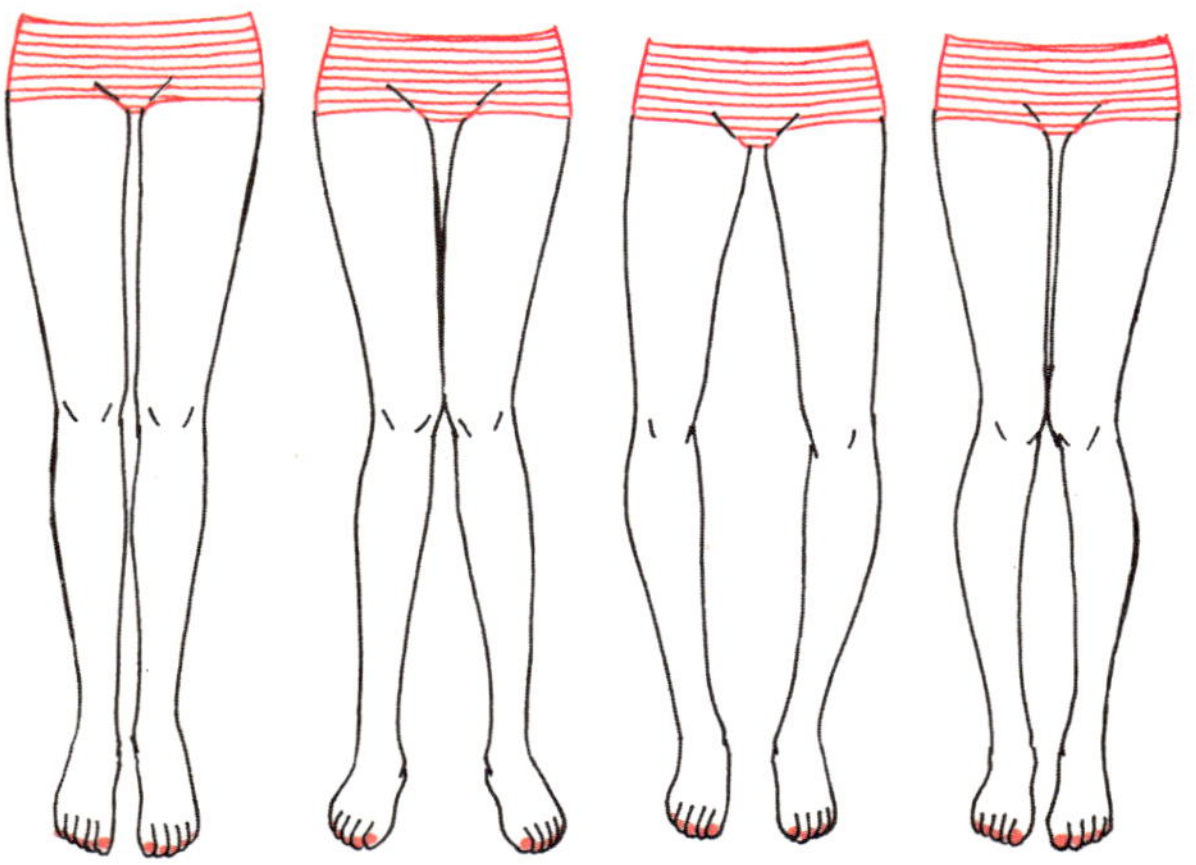

きも変わってしまいます。こうして、X脚、O脚、XO脚という「歪み脚」になるのです。ズレや歪みがあると、体の重みを支えづらくなり、関節に負荷がかかり、筋肉が硬くなってセルライトや脂肪が溜まるのは脚でも同じです。

左右どちらかの坐骨が高かったり、前に出ている人は、寛骨臼の位置が左右で違ってきます。股関節が左右で非対称になるのです。当然、脚も非対称に。左右の長さが違ったり、ひざの向きが左右で違うアンバランスな脚になります。歪みの大きいほうが硬くなって、そこにセルライトが溜まります。

坐骨のズレが上半身の形を左右する

上半身の骨格を決める中心軸となるのが椎骨。椎骨とは、つまり〝背骨〟のことです。人には33個の椎骨があって、それぞれが椎関節《ついかんせつ》でつながっています。全体で緩やかなS字カーブを描いており、上から頸椎《けいつい》7個、胸椎《きょうつい》12個、腰椎《ようつい》5個、仙椎《せんつい》5個、尾椎《びつい》4個に大別されます。ただし、仙椎、尾椎の部分は、成長過程で椎骨同士がくっついていきます。5個の仙椎が1つの骨になったのが仙骨、4個の尾椎が1つになったのが尾骨。両方とも骨盤を形成するパーツで、仙骨は、腰椎から頸椎までを支える「土台」です。

仙骨のすぐ上には腰椎の最下部があって、腰仙関節《ようせんかんせつ》で互いに接しています。その上に腰椎の残り4個がのって、さらに胸椎12個、頸椎7個が積み上がっています。

椎骨の土台である仙骨の左右にあるのが仙腸関節。腸骨、つまり寛骨の上部が背骨の椎骨を挟み込んでいます。左右から仙骨をサポートしているのが腸骨だということです。

坐骨がズレると、腸骨がズレて仙腸関節に歪みが生じます。すると、仙骨をサポートする機能が働かず、仙骨もズレてしまいます。背骨の椎骨の土台である仙骨がズレれば、その上の椎骨は当然、ズレが出ます。背骨のS字カーブが乱れてしまうのです。

坐骨のズレは背骨のS字カーブを乱して、上半身全体も歪ませる原因になるのです。

背骨（椎骨）

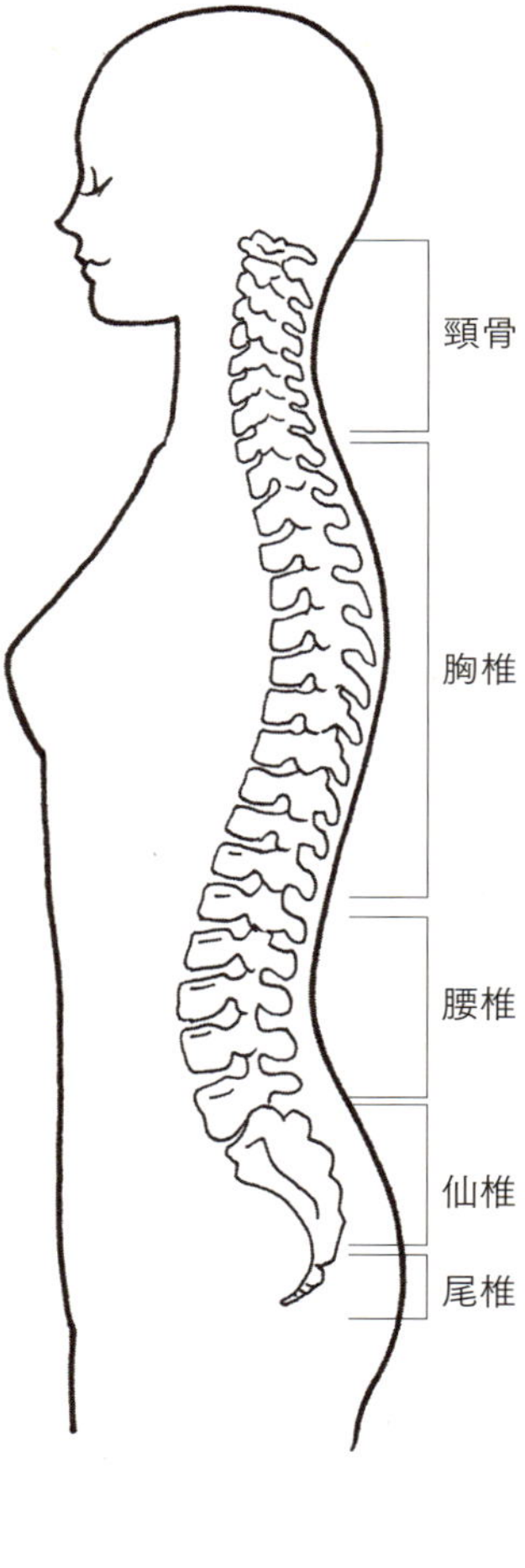

背骨が曲がってしまうワケ

坐骨のズレがどのように上半身に影響するのか具体的に見ていきましょう。

坐骨が後ろにズレている場合、腸骨が前傾するので仙骨も前傾します。土台が前に向いているため、腰椎も前にズレます。しかしこのままでは背骨が前に崩れてしまいますから、その上の椎骨を後ろに反り返してバランスをとろうとします。ところが、そのままではその上の頭が後ろに倒れてしまいますから、結局もう一度首の頸椎を前にズラして、バランスをとり直すしかありません。こうして、**坐骨が後ろにズレた人の背骨の椎骨は、下から順に前、後ろ、前へとズレて、曲がりすぎの深いS字カーブになる**のです。

逆に**坐骨が前にズレた場合は、腸骨が後傾するので仙骨も後傾し、そのままでは後ろに倒れてしまいますから、腕や肩、首といった、上半身のパーツを総動員して猫背にな**り、体はバランスをとろうとします。アルファベットの逆Cの字のような弓なりになるのです。このような逆Cの字型の背骨の椎骨曲がりがある場合、首は前に曲がり、胴長体型になり、ひざもくの字に曲がりやすく、脚の筋力も衰えがちになります。

また、坐骨の高さが左右で違ったり、一方が前に出ている場合は、仙腸関節で左右均等に仙骨を挟めないため、どこかで釣り合いをとる必要が出てきます。こういう人は、椎骨の途中で左右に曲がり、側弯症《そくわんしょう》と呼ばれるねじれが出ます。背骨の椎骨が横に曲がりながらさらに螺旋状《らせんじょう》に回旋してバランスをとろうとすると、肩の高さに左右差が出て首が横に曲がり、さらに顔に歪みが生じるなどの不具合が出てきます。下半身の股関節や脚も複雑に歪んでいきます。

坐骨を正す「骨盤底筋《こつばんていきん》」って何？

骨盤底筋が坐骨と恥骨をサポートする

骨盤や股関節、仙腸関節に影響して、さらに全身の骨格を歪ませてしまう坐骨のズレ。なんとか防ぐいい方法はないのでしょうか？

じつは、坐骨のズレを防止する効果のある筋肉があるのです。それが骨盤底筋。

骨盤底筋は、その名が示す通り骨盤の底、坐骨や恥骨の底にある筋肉のこと。深会陰《しんえいん》横筋《おうきん》、尿道括約筋《にょうどうかつやくきん》、肛門挙筋《こうもんきょきん》、尾骨筋《びこつきん》という４つの筋肉をまとめて骨盤底筋と呼びます。

骨盤底筋が正しくしっかりと働いていれば、骨盤の下側が引き締まって、坐骨や恥骨は正しい位置からほとんどズレません。４つの筋肉がさまざまな方向からサポートして、坐骨や恥骨を定位置にキープしてくれます。

逆に言うと、坐骨や恥骨がズレる一因は、骨盤底筋が正しい位置で働いていないから。そのために骨盤は下側が不安定になって、坐骨や恥骨がズレるのです。

骨盤底筋（上から見た図）

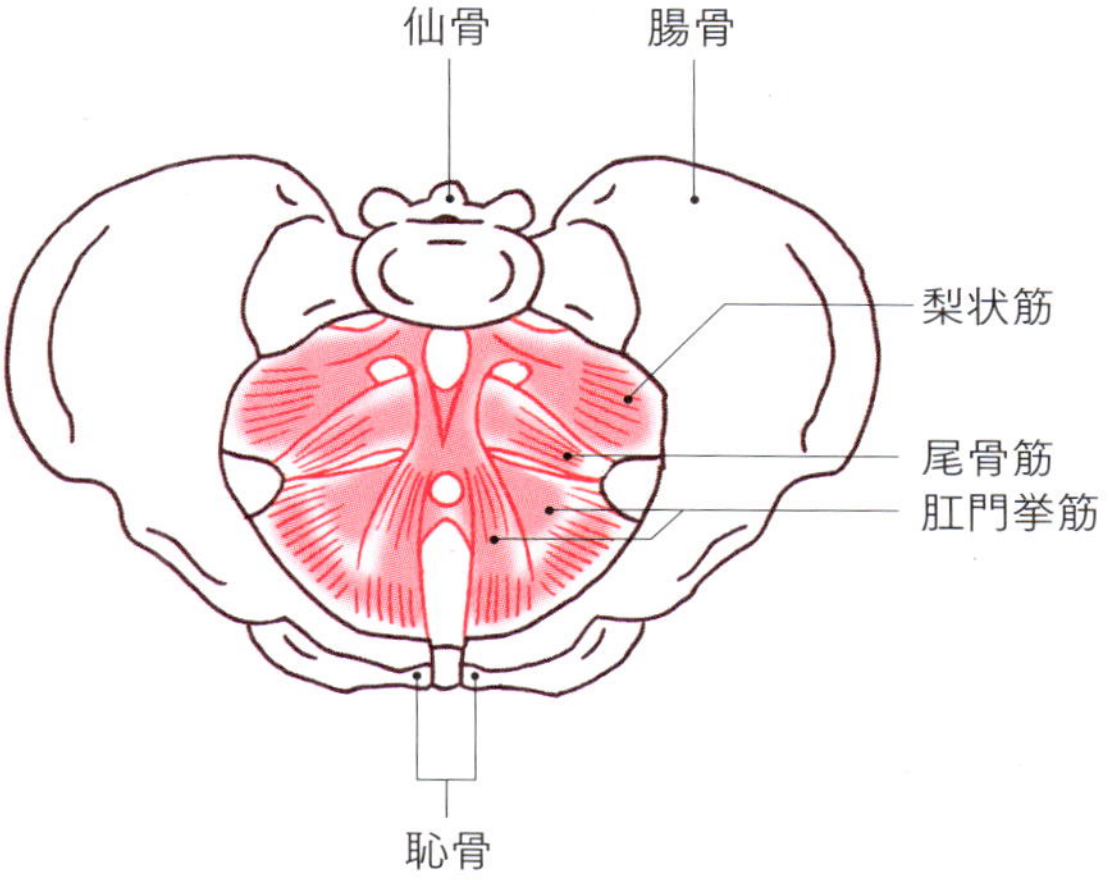

横から見た骨盤底筋

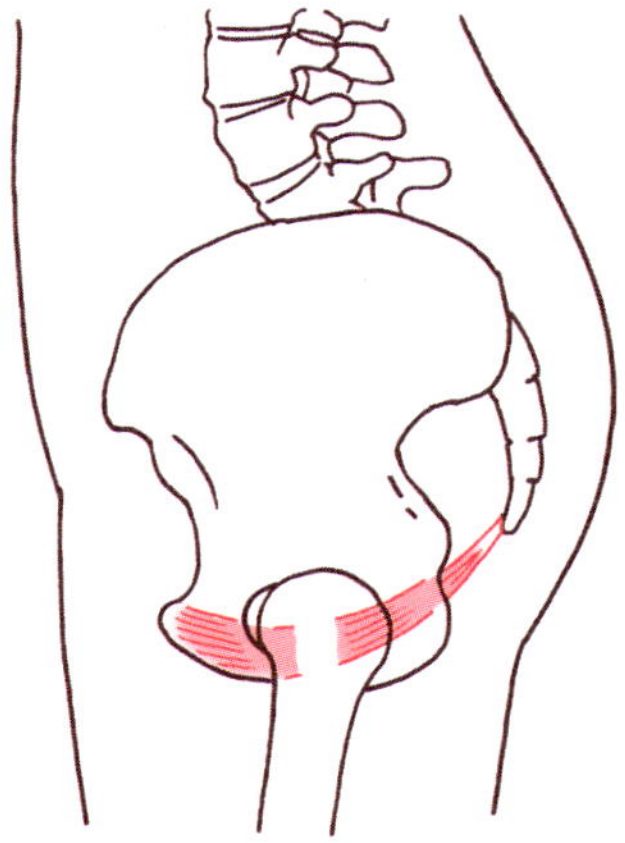

骨盤底筋は重要な「抗重力筋」！

ではなぜ骨盤底筋が正しく働かずに、坐骨や恥骨がズレてしまうのでしょうか。その原因は、脚の筋力不足にあります。

体の筋肉は相互に影響し合って、連動するように働いています。どこかの筋肉が衰えると、それと連動する他の筋肉まで働かなくなって、連鎖的に衰えてしまいます。逆に、ある筋肉が活発に働くことで、他の筋肉の働きも高まるということもあるのです。

骨盤底筋の筋肉の関係のなかで大事なのが、脚と骨盤まわりの「抗重力筋《こうじゅうりょくきん》」の連動です。抗重力筋とは、地球の重力に対抗するように体を上へと伸ばす筋肉。足の裏から頭まで、たくさんの抗重力筋が協力することで、人間は二本足で直立できています。

すでにご説明した筋肉のなかにも代表的な抗重力筋があります。大腰筋や腸骨筋です。これらは

脚前面の抗重力筋

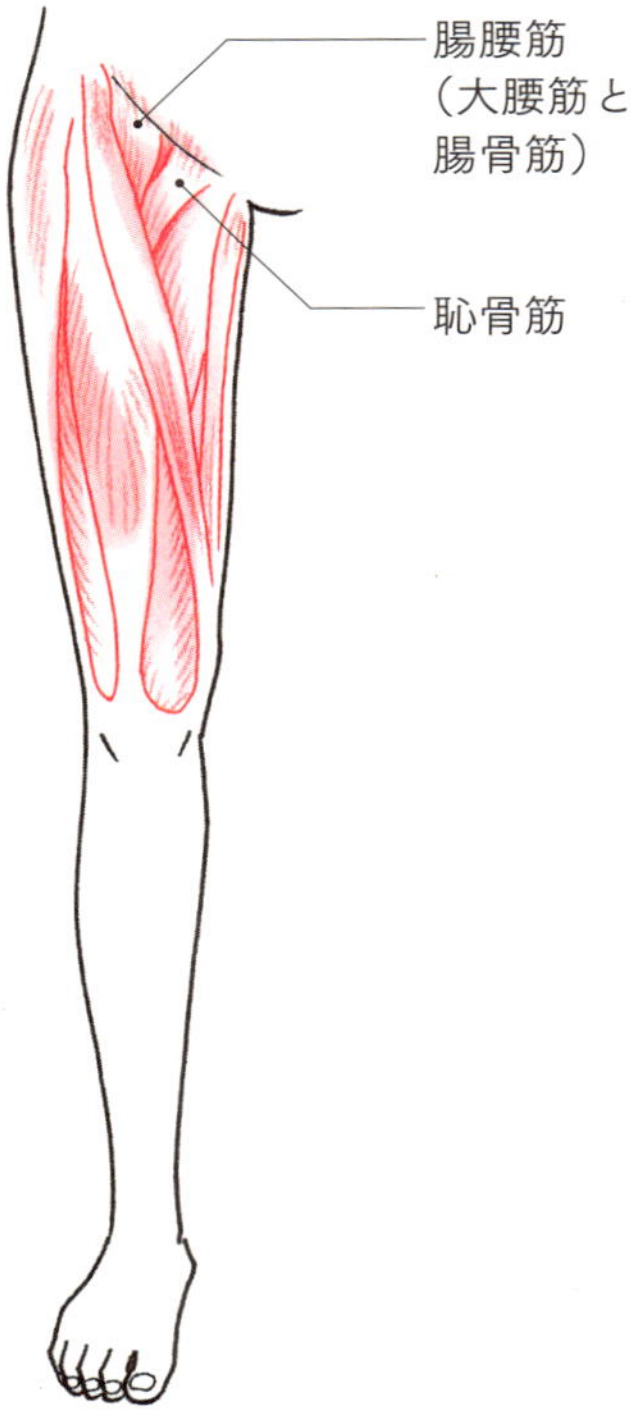

重力に負けずに骨盤を直立させる役目を担っています。上半身の重みに負けず、坐骨や恥骨を正しい位置にキープする役目を果たすのも、もちろん抗重力筋なのです。

さらに〝脚うら筋〟が連動してボディアップ

私はよく、人間の体を文房具のコンパスにたとえて「コンパスライン」と呼んでいます。コンパスの下が人間の両脚、コンパスをつまむ突起部は人間の頭。そして蝶番《ちょうつがい》にあたるのが股関節や骨盤です。コンパスで円を描く姿は、まるでバレリーナが踊る姿のようです。

両脚が真っ直ぐで、股関節や骨盤に歪みもなく、上半身の重さをしっかりと足の裏で支えられているのが正しいコンパスライン。抗重力筋がきちんと連動している状態です。

脚が曲がって、股関節や骨盤が歪んで、上半身の重さに負けて体全体が沈み込んだ状態が崩れたコンパスライン。抗重力筋が連動しておらず、十分に働いていないのです。

正しいコンパスラインをつくるには、脚にある抗重力筋たちが大切。私は脚の裏側にある抗重力筋をまとめて〝脚うら筋〟と呼んでいます。ひざの裏側にある足底筋《そくていきん》のように、脚の抗重力筋の多くが足底から脚の裏側にあるのです。具体的には、足底筋や太ももの後ろにある半膜様筋《はんまくようきん》、半腱様筋《はんけんようきん》、大腿二頭筋《だいたいにとうきん》などが〝脚うら筋〟です。そしてこれらの筋肉は骨盤底筋に連動して骨盤の坐骨と恥骨を支えます。

コンパスの脚が真っ直ぐに、つまり〝脚うら筋〟が働いて真っ直ぐになれば、蝶番は中央に正しく保持されます。**骨盤底筋を正しく働かせるためには、〝脚うら筋〟から、上へ向かって抗重力筋が連動するように、クセづけ**しなければいけません。

〝脚うら筋〟が働いていなければ、大腰筋や腸骨筋が衰えて、骨盤が正しく立ってくれないといった、不具合も出てきます。

じつはこの**〝脚うら筋〟を鍛えてくれるのが、「坐骨回し」**です。「坐骨回し」は坐骨を整えるだけでなく、さまざまな効果があります。次章ではいよいよ「坐骨回し」がなぜ効果があるのか、解説していきます。

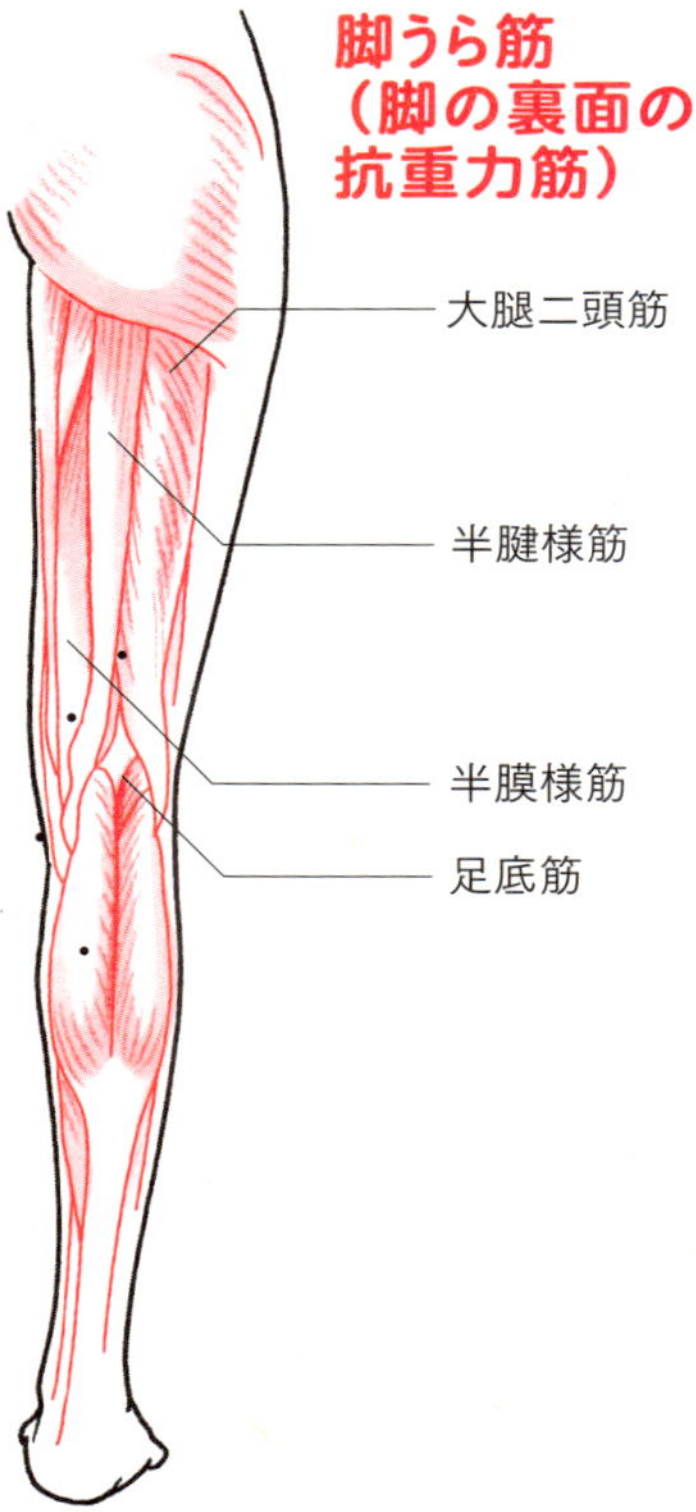

Chapter 5

「坐骨回し」は、なぜ劇的な効果があるの？

なぜ、坐骨を回すといいの？

硬い筋肉をほぐしてやわらかくしていきます

〝脚うら筋〟の衰えが骨盤底筋の働きを弱めて坐骨のズレになっていると前章で説明しましたが、〝脚うら筋〟を鍛えれば「よーし、すべて解決！」……とはいかないのです。骨のズレや関節の歪みは抗重力筋の働きを邪魔します。ズレや歪みのまわりには、すでに硬い筋肉がついています。これを何とかしないかぎり、ズレや歪みは固定されたまま。〝脚うら筋〟ががんばっても、骨盤底筋とは連動できません。

抗重力筋を正しく連動させるためには、まず硬くなった筋肉をほぐしてあげることが必要なのです。筋肉をほぐせば、ズレた骨と関節が動きやすくなりますから、正しい骨の位置に誘導していくことも容易です。

そして、骨盤底筋のサポートで坐骨のズレを再発させないようにする。これが、お尻の崩れや下半身太りを解消し、リバウンドしない最善の方法なのです。

〝脚うら筋〟も鍛えることができる！

ただ脚力をつける筋トレやランニングでは、坐骨のズレの改善は期待できません。桃尻にはなれず、下半身も太いまま。でも「坐骨回し」ならできるのです。

「坐骨回し」は、床と平行になるよう意識しながら、坐骨をゆっくり左右前後に水平に回して、しなやかな筋肉を鍛える簡単なエクササイズ。

ゆっくり水平に回すことで、抗重力筋を鍛えながら、坐骨や恥骨、さらに骨盤、股関節、仙腸関節などのまわりにある筋肉をほぐしていきます。**ズレや歪みを固定している筋肉をやわらかくしながら、余分なセルライトや脂肪を溜まりにくくします。**

硬い筋肉がほぐれれば、抗重力筋が連動しやすくなります。

また、足の指を上げて立つ「坐骨回し」なら、重心が足のかかと側、つまり〝脚うら寄り〟になります。このように立つことで、ひざの後ろにある足底筋、太ももの後ろにある半膜様筋、半腱様筋、そして大腿二頭筋といった〝脚うら筋〟（72ページ）と、骨盤を支える筋肉が連動しやすくなるのです。

股関節や骨盤の硬さがほぐれ、そこに〝脚うら筋〟が連動すれば、坐骨をサポートする骨盤底筋が、しっかり引き締まってくるのです。

坐骨を正しい場所に整えてクセづけ！

硬い筋肉がほぐれてしなやかに伸縮し、抗重力筋が連動し始めれば、ズレや歪みは元に戻りやすくなります。あとは坐骨を正しい場所に誘導すること。さらに、この正しい坐骨の状態を体が覚えるようにクセづけすれば、再発することもありません。

「坐骨回し」には、この誘導とクセ付けも含まれています。円を水平に描くことで、ズレていた坐骨が正しい状態になり、骨盤が立ってくるのです。

最初は、回転方向が途中でブレてしまい、きれいな円が描けず首や上半身に力が入ってしまうかもしれません。

左右で高さが違う人も、水平に回らず、円が傾いてしまうでしょう。

どちらかが前に出ているアンバランスな坐骨だと、右回りと左回りが同じ軌道にならず、どちらか一方が回しにくいはずです。

でもご安心を。毎日、繰り返していれば、できるようになります。いつの間にか、左右どちらに回しても傾きやブレのないなめらかな円が描けて、首も伸びるはず。

こうなれば、しめたものです。じつは、なめらかになった円の中心こそが、坐骨の本来の正しい位置。こうして、ズレていた坐骨が正しい位置に誘導されるのです。

お尻の形がよくなるのは、なぜ？

セルライトや余分な脂肪が減る！

「坐骨回し」で、股関節や骨盤まわりの硬い筋肉がほぐれていくと、お尻の形が変わってきます。坐骨のズレのせいで硬くなる場所のうち、とくにムダ肉が目立ちやすいのは、後ろから骨盤を覆う大殿筋。お尻の上と下が角張って、ヒップ全体をカバーする大殿筋にセルライトや脂肪が溜まると、お尻全体が大きくなります。

この目立つムダ肉も、「坐骨回し」で消えていきます。硬い筋肉によって滞りがちだった血行やリンパの流れもよくなります。**代謝が高まるから、溜まっていたセルライトや脂肪も消費されやすくなり、ムダ肉のつかないヒップに変わる**のです。

ヒップアップ効果も抜群！

ヒップアップ効果もあります。横に広がって開いた骨盤を立てて引き締め、さらに、股関節の歪みを正し、大腿骨頭のズレも整えるからです。

寛骨の外側にある大殿筋、中殿筋、小殿筋は大腿骨頭の大転子につながっています（60ページ参照）。ですから大転子が正しい位置になると、これらの筋肉は形のよい引き締まったお尻の筋肉に変わっていくのです。

「坐骨回し」で骨盤や股関節の歪みをとれば、寛骨と大転子の位置も正しくなり、その間をつなぐ大殿筋、中殿筋、小殿筋も縦に引き締まって働くようになります。

さらに抗重力筋である脚うらの筋肉もヒップの筋肉をググッとあげてくれます。

骨盤が整って腰幅がスリムに！

たとえば坐骨が前後にズレ、骨盤が前傾や後傾してできる「ピーマン尻」や「洋なし尻」だと、腸骨が前傾または後傾して仙腸関節がズレて腰幅が広がってしまいます。股関節も歪んで大転子が横に出るので、脚の付け根まで幅広になります。

「坐骨回し」は、骨盤を真っ直ぐ立てる大腰筋、腸骨筋などの抗重力筋の働きもアップさせます。傾いた骨盤や歪んだ股関節が正しくなるから、「ピーマン尻」も「洋ナシ尻」も引き締まって、「アンバランス尻」も歪みがとれて、スリムな腰幅になれるのです。

坐骨が整うと、脚が長く細くなる！

歪んだ脚がすらりとしたラインに！

「坐骨回し」は美脚にもなれるエクササイズです。

かかとに重心をおいて立つだけでも、足底筋、半膜様筋、半腱様筋、大腿二頭筋といった〝脚うら筋〟（72ページ）が両脚を立てに上へと伸ばしてくれるので、ひざの曲がりが直り、太ももも細くなり、美脚づくりに効果的です。

さらに、股関節の歪みもとれるから、そこにつながる大腿骨も正しくなります。大腿骨がズレて斜めになって起きるX脚、O脚、XO脚などの歪んだ脚が真っ直ぐになるのです。左右で違うアンバランスな脚も改善されていきます（64ページ）。

足首まで細い、キレイな脚が手に入る！

脚の歪みを改善しないままでは、徐々に脚が短くなっていきます。

歪みがあると抗重力筋が連動しにくいため、うまく体重を支えられずに、股関節やひざや足首の関節が圧迫されるからです。**体の重みで関節が下に押されて「関節づまり」となり、つまったぶんだけ長さは縮む**のです。関節まわりの筋肉も硬くなり、そこにセルライトや脂肪が増えます。血行やリンパの流れも悪くなり、その結果、脚全体の代謝が落ちます。関節のまわりだけでなく、脚全体に脂肪が増えていくことになるのです。

「坐骨回し」の水平回転は、骨盤や股関節だけでなく、ひざや足首の関節まわりの硬い筋肉もほぐして、関節づまりを解消し、歪んだ脚を改善してくれます。

つまった関節が元通りになったぶん、脚が長くなるのです。セルライトや脂肪は溜まりませんし、血液やリンパの流れもよくなって、脚全体で代謝がアップ。足首が細く、ふくらはぎや太ももにもムダ肉のない美しいレッグラインになっていくことでしょう。

関節がつまると脚が短くなる!

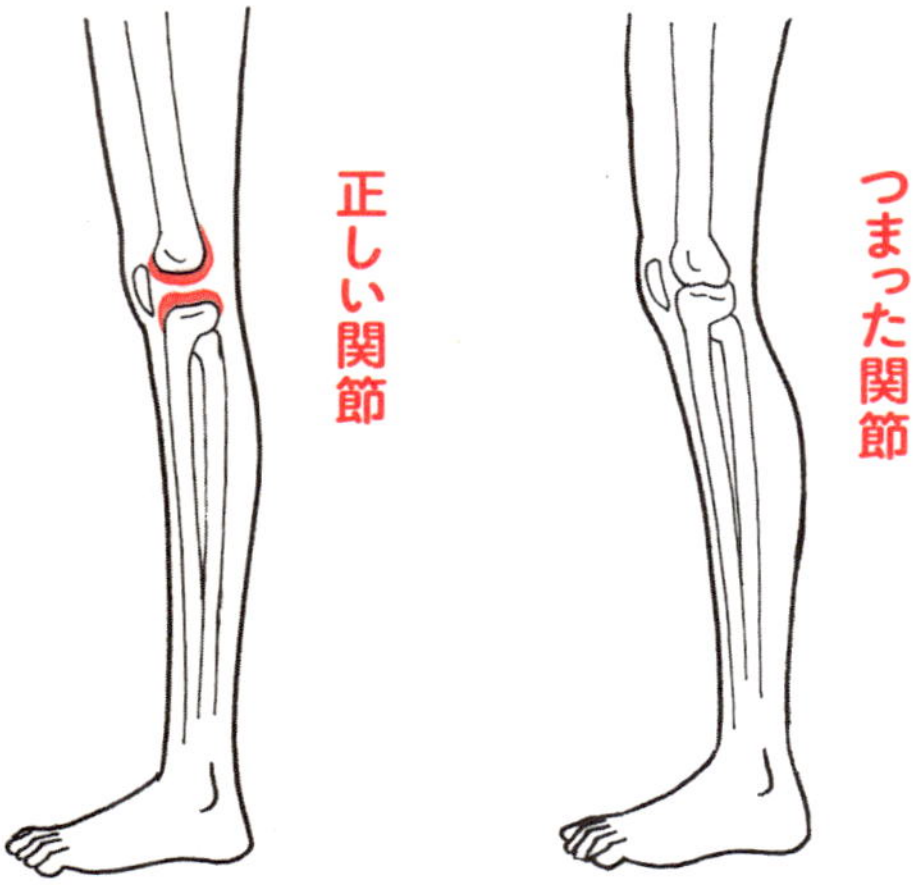

ウエストがくびれてお腹が凹むワケ

椎骨の乱れが解消されてくる！

下半身がスリムに整っていくのと同時に、上半身もスリムになっていきます。体の中心軸である椎骨の歪みがとれるからです。

椎骨を下から支える「土台」となるのが仙骨。これをはさむようにしてコントロールするのが腸骨。両者のつなぎ目が骨盤にある仙腸関節です。

歪んだ仙腸関節は「坐骨回し」で整います。坐骨と恥骨を正しくすることで、左右の腸骨がともに正しくなり、仙骨を両サイドからしっかり支えられるようになります。椎骨の乱れはなくなり、背骨が正しくしなやかに稼働するのです。

お腹が引き締まり、ウエストが細く！

「坐骨回し」は、仙腸関節や腰仙関節、さらに椎骨同士の椎関節といった、各関節まわりにある筋肉の強張りをほぐして抗重力筋の連動を促します。土台をしっかりさせるだけでなく、重力に負けないように体の中心軸を上へ伸ばす効果もあるのです。

「坐骨回し」によって、脚うらから骨盤まで抗重力筋が連動するようになると、さらにその上にある脊柱起立筋《せきちゅうきりつきん》が働くようになります。深いS字や逆C字カーブになっていたり、あるいは回旋している椎骨が、抗重力筋である脊柱起立筋によって、正しい状態のS字カーブになるのです。

姿勢が美しくなるだけでなく、正しくなった脊柱起立筋によって椎関節の詰まりも軽減。椎骨同士に間隔ができて、背が高くなり、驚かれることがあります。

お腹が引っ込み、ウエストもくびれます。これも抗重力筋の連動による効果。

内臓を引き上げる抗重力筋である腹直筋《ふくちょくきん》の働きで、お腹まわりが引き締まるとともに、肋《ろっ》骨《こつ》の位置が高くなります。肋骨と骨盤の距離が引き離されて、その間に「くびれ」が出現するのです（84ページ参照）。

脊柱起立筋

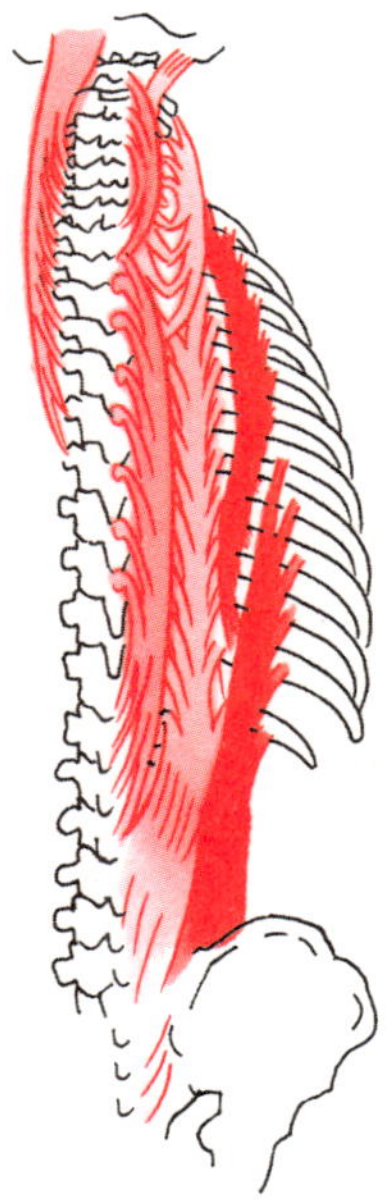

小顔になって、バストアップも実現！

女性らしいバストと肩のラインができあがる

「坐骨回し」を続けていくと、他にも「いいこと」が次々と起こります。

わかりやすいのはバスト。**椎骨のS字カーブが正しくなって肋骨が引き上がることで、バストの位置が高くなります。**左右のアンバランスも改善されるはずです。

肩にも女性らしいラインが出てきます。肋骨が上がれば、それに連動して肩甲骨《けんこうこつ》が下がるからです。

肋骨上部の前側には胸骨《きょうこつ》という骨があります。この胸骨は胸鎖関節《きょうさかんせつ》で鎖骨につながり、さらに鎖骨の先は肩鎖関節《けんさかんせつ》で肩甲骨へつながっています。

S字カーブが整って肋骨が上がると胸骨も上がって、胸鎖関節の位置も高くなります。

鎖骨は、胸鎖関節側が高い位置になり、その反対側、つまり肩鎖関節側が低くなります。

肩鎖関節の位置が低くなるため、当然、それにつながる肩甲骨も下がります。

これが女性らしい美しいデコルテの肩や胸なのです。

その逆が、男性によくある「いかり肩」。胸骨が低く、肩甲骨の位置が高く首が太く短く、胴長に見えるのが特徴です。

「坐骨回し」で胸骨が上がれば、バストがアップし、鎖骨も理想的な向きになり、肩甲骨も下がっていかり肩がなで肩へと変わっていきます。

首も真っ直ぐに細くなります。脚から股関節、骨盤、椎骨までの抗重力筋が連動することで、腰椎や胸椎だけでなく、頸椎まで真っ直ぐ伸び上がるというわけです。

ウエストがくびれてバストがアップするしくみ

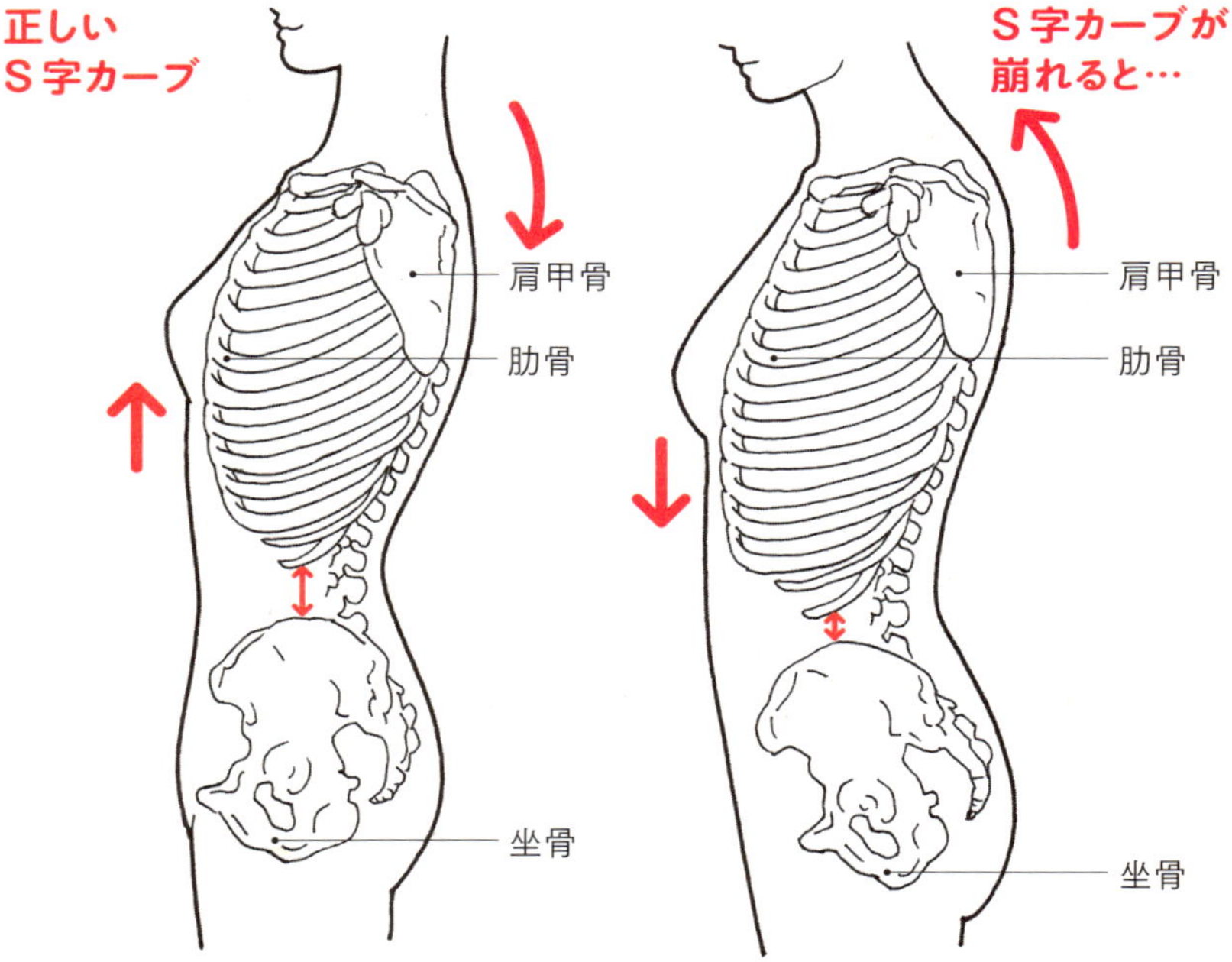

坐骨が整えば小顔効果も期待できる！

首を長くしっかり保つ筋肉で、とくに重要なのが胸鎖乳突筋《きょうさにゅうとつきん》。先ほど申し上げた胸骨や鎖骨から、頭がい骨の一部である側頭骨《そくとうこつ》の乳様突起《にゅうようとっき》へつながる左右一対の抗重力筋です。首を伸ばすだけでなく、頭を斜め後ろに引っ張り上げる働きもあります。

「坐骨回し」で椎骨から胸骨、さらに鎖骨から肩甲骨までが正しくなれば、胸鎖乳突筋が働きやすくなります。

さらにその上、つまり顔や頭にも抗重力筋があります。頬にある小頬骨筋《しょうきょうこつきん》や大《だい》頬骨筋《きょうこつきん》、鼻にある鼻根筋《びこんきん》、頭にある前頭《ぜんとう》筋《きん》、側頭筋《そくとうきん》などです。

こうした抗重力筋は顔のパーツや皮膚を持ち上げたり、顔や頭を引き締める機能を持っています。うまく働かせれば、たるみのない卵型の小顔と形のいい後頭部になれるのです。

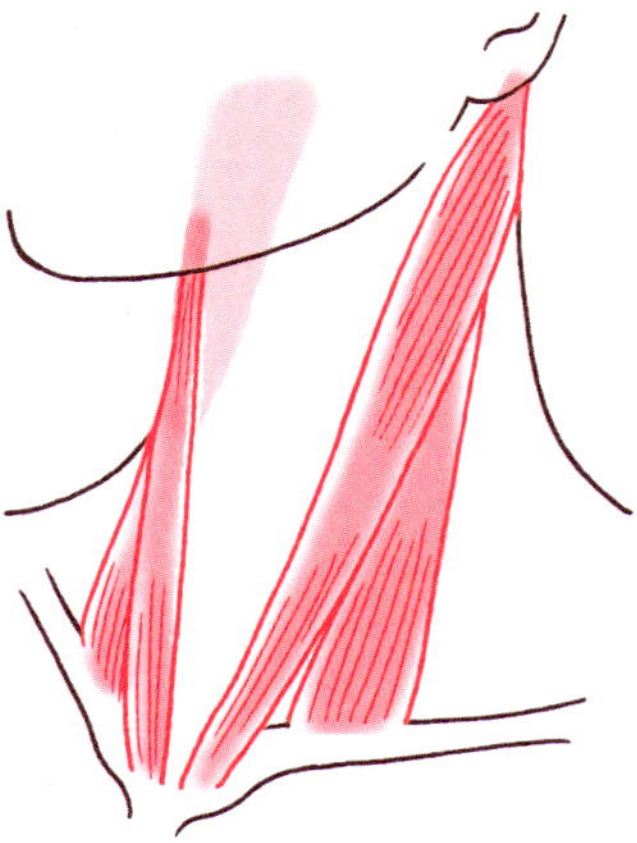

胸鎖乳突筋

そのために重要なのが、これまで説明してきた他の部位と同じく、ズレや歪みのない土台と抗重力筋の連動です。

顔や頭の土台になるのは頸椎、つまり椎骨。繰り返し申し上げているように、背骨の椎骨の土台は仙骨、さらに、その土台は骨盤の坐骨です。坐骨が正しければ、仙骨、椎骨が正しくなり、顔や頭の土台もズレや歪みがなくなります。

〝脚うら筋〟から胸鎖乳突筋まで抗重力筋が連動すれば、小頬骨筋、大頬骨筋、鼻根筋、前頭筋、側頭筋といった、顔や頭の抗重力筋との連動もスムーズ。**顔や頭が引き締まってくるはず**です。

顔のパーツが左右アンバランスだったり、歪みがある人も**「坐骨回し」でシンメトリー顔になっていく**ことでしょう。坐骨がシンメトリーになれば、骨盤もシンメトリーに。椎骨が中心軸になって、肋骨も肩もシンメトリーになるという順で歪みが正されていきます。その結果、顔も左右対称になっていくのです。

美容の大敵、便秘も撃退！

椎骨が正しくなるから自律神経も整う！

それまで弱っていた内臓の調子が「坐骨回し」を続けているとよくなってくることがあります。こういう人は背骨（椎骨）のS字カーブが歪んでいたせいで、内臓の働きが悪くなっていたと考えられます。

椎骨、とくに胸椎と腰椎のそばには、心臓や肺、胃、肝臓、腎臓といった主要な臓器を動かす自律神経が通っています。

坐骨のズレのせいで椎骨のS字カーブが歪んでしまったら、そこを通る神経の働きが鈍くなってしまいます。こうなると、自律神経による内臓のコントロールがうまくいかないため、調子が悪くなるのです。

「坐骨回し」で椎骨の歪みがとれれば、自律神経も働きやすくなっていきます。動きが悪かった内臓が元気になってくるというわけです。

内臓下垂がなくなって腸も正しく働く

「坐骨回し」は内臓下垂も改善できます。背骨のS字カーブが正しくなると全身の抗重力筋の連動が可能になり、腸骨筋や腹直筋が引き締まって肋骨が引き上がるからです。**肋骨は上半身の臓器を収めているかご状の〝入れ物〟。椎骨のS字カーブが崩れたり、抗重力筋が働かないと、肋骨は下がってきます。〝内臓の入れ物〟が下がる、つまり「内臓下垂」が起きるのです。**

肋骨が下がって内臓下垂になると、その下にある腸が圧迫されてしまいます。下垂してきた上半身の内臓の重みで、腸が圧迫されるのです。こういう人は「ポッコリお腹」になります。押された腸が前に張り出してしまうのです。

内臓下垂は「美容の大敵」である便秘や胃下垂の原因にもなります。圧迫された腸では、吸収に必要なぜん動運動が十分にできないからです。

坐骨のズレを放置すると、姿勢が悪くなり内臓下垂が進行。お腹がポッコリするばかりか、消化吸収機能までも衰えてしまう可能性があるのです。

「坐骨回し」で〝内臓の入れ物〟を正しい位置に戻しましょう。内臓下垂が改善されてお腹がスッキリ。便通もよくなるはずです。

美肌や美髪のカギも坐骨にあった！

骨ズレや関節歪みは肌と髪の敵！

私の経験上、病気にかかっているわけでもないのに、なんとなく肌の色が悪い人は、骨がズレていたり、関節が歪んでいることが多いものです。ズレや歪みの周囲では筋肉が硬くなり、血流が阻害《そがい》されるのは、何度もご説明した通り。そのせいで、肌に十分な血液が届いていないから、血色が悪いのです。

とくに背骨の椎骨のS字カーブの歪みは、肌全体に影響します。椎骨の近くを流れる大動脈や大静脈といった太い血管の流れが阻害されるために、全身の血液循環が悪くなるからです。肌への栄養を十分に供給できないから、年齢に関わらず、ハリやツヤのない肌になってしまうのです。

S字カーブを構成する椎骨のなかでも頸椎は、顔色をストレートに左右します。心臓から顔に向かう血液の通り道は、もちろん首。ここにズレや歪みがあると、確実に顔色が悪くなります。

顔だけでなく、頭皮の血行も低下します。顔や髪の艶は若さと健康のバロメーター。**首の頸椎が歪むと発毛や育毛に必要な栄養が不足して、薄毛や髪質の悪化などにつながります。**

全身ふんわりやわらか美肌に！

頸椎の状態は、顔からの老廃物の排出にも深く関係しています。ズレや歪みがあったり、後頭筋や脊柱起立筋、胸鎖乳突筋などの抗重力筋の働きが悪かったりすると、首が正しく伸びずに筋肉が硬くなり、血液やリンパの流れが悪くなるからです。すると、老廃物が顔に留まって、くすみ、シミ、ニキビなどの吹出物が増えてしまうのです。

このような**肌や髪のトラブルにも効果が期待できるのが「坐骨回し」**です。

坐骨から骨盤、さらに椎骨を正しくすれば、徐々に首まわりの硬さがほぐれます。胸鎖乳突筋をはじめとする抗重力筋で首がのびて、血液やリンパの流れもアップ。透明感と血色を兼ね備えた肌、そして豊かなツヤ髪になれることでしょう。

椎骨全体も整うから、大動脈や大静脈の血流が促されて循環機能が高まり、全身にくまなく栄養が届きます。ボディまで美肌にしてくれるのが「坐骨回し」なのです。

骨盤底筋が鍛えられるからいろんな悩みも解決！

子宮や卵巣の働きも整ってくる！

胸椎のそばには心臓や肺、胃などの臓器を動かす自律神経が通っています。その下の腰椎では、どうなっているでしょうか。まず、腰椎上部。ここを通る自律神経は腸を動かしています。ですから腰に歪みがあると、便秘や下痢といった症状が出やすいのです。

腰椎下部、つまり坐骨の近くには、子宮や卵巣をコントロールする自律神経が通り、ホルモンの分泌を促しています。骨盤まわりのズレや歪みで、この神経が圧迫されると、生理不順や生理痛、生理前のイライラや落ち込みといった不定愁訴《ふていしゅうそ》などトラブルが出てきます。

骨盤のズレや歪みは自律神経を鈍らせるだけではありません。子宮や卵巣自体をダイレクトに悪化させます。骨盤は〝子宮や卵巣の入れ物〟。これらを正しい位置に保つ役割を持っています。**骨盤にズレや歪みがあれば、子宮や卵巣の位置もズレてしまいます。**

骨盤底筋がゆるんで骨盤が前後に倒れているせいで、子宮前屈《ぜんくつ》や子宮後屈《こうくつ》になり不妊の原因をつくることも多いのです。

椎骨の乱れや抗重力筋の機能低下による内臓下垂も子宮や卵巣に負担をかけます。下がってきた内臓によって子宮や卵巣が圧迫されるからです。また、骨盤底筋の伸縮も悪くなります。

「坐骨回し」で骨盤底筋を鍛えて骨盤を正しくすれば、歪みがとれて神経圧迫や内臓下垂も軽くなります。**女性特有の悩みも軽減されるだけでなく、子宮や卵巣の働きもよくなっていくので〝妊活〟にも役立つことでしょう。**

骨盤底筋が引き締まるから尿もれも改善

そのほかに女性特有の悩みといえば、軽度失禁があります。軽い尿もれです。若くても密《ひそ》かに気にしている方がいるほど、増えているようです。その原因のひとつが骨盤底筋の衰え。骨盤底筋が緩んでいると、尿がもれやすくなるのです。

くしゃみやセキ、笑ったはずみなどに、ついもれてしまう人は「坐骨回し」で骨盤底筋の働きを取り戻してください。緩んでいた骨盤底筋が引き締まって、尿もれの頻度も減っていくはずです。

コリや冷え、痛みが和らいで健康に！

「坐骨回し」で慢性的な症状がラクに！

椎骨のS字カーブの乱れや左右のアンバランスといった、骨のズレや関節の歪みは「コリ」を引き起こします。ズレや歪みのせいで、筋肉が硬く緊張して血行が悪化するためです。たとえば頸椎の歪みは「首コリ」、左右アンバランスや前傾姿勢による肩関節まわりの血行不良は「肩コリ」につながります。

血行が悪くなると「冷え」にもなります。足が冷えやすい人は、たいてい骨盤や股関節が正しい状態ではなく、脚にも歪みがあるのです。

コリや冷えがあるのに何も手を打たないと、やがては痛みを感じるようになります。緊張が限界に達して、慢性的な肩コリ・首コリ、冷え症になるのです。

このようなコリや冷え、痛みを軽減するのが「坐骨回し」です。ズレや歪みを正して、筋肉の緊張をほぐしてくれます。**ずっと悩んでいたコリや冷え、痛みといった症状が、「坐骨回し」でラクになったという事例がたくさんあるのです。**

坐骨神経痛の緩和も期待できる！

腰痛や股関節痛といった痛みのなかには、単なる筋肉痛にはない強い痛みや、痺《しび》れを伴ったものもあります。いわゆる神経痛です。ズレた骨や歪んだ関節による骨づまりは、慢性的に硬くなった筋肉が神経を圧迫するから、痛みを覚えるのです。

その代表的なものが「坐骨神経痛」。坐骨の横にある骨盤の穴、大《だい》坐《ざ》骨《こう》孔《こう》から脚うらを経て、ひざの後ろまで延びているのが坐骨神経。人体でもっとも太い神経です。坐骨神経痛の原因になるのが、骨盤や股関節、あるいは脚の骨のズレや歪み。そして、抗重力筋の衰えによる連動不足です。

「坐骨回し」は、こうした神経痛の緩和も期待できます。

坐骨神経

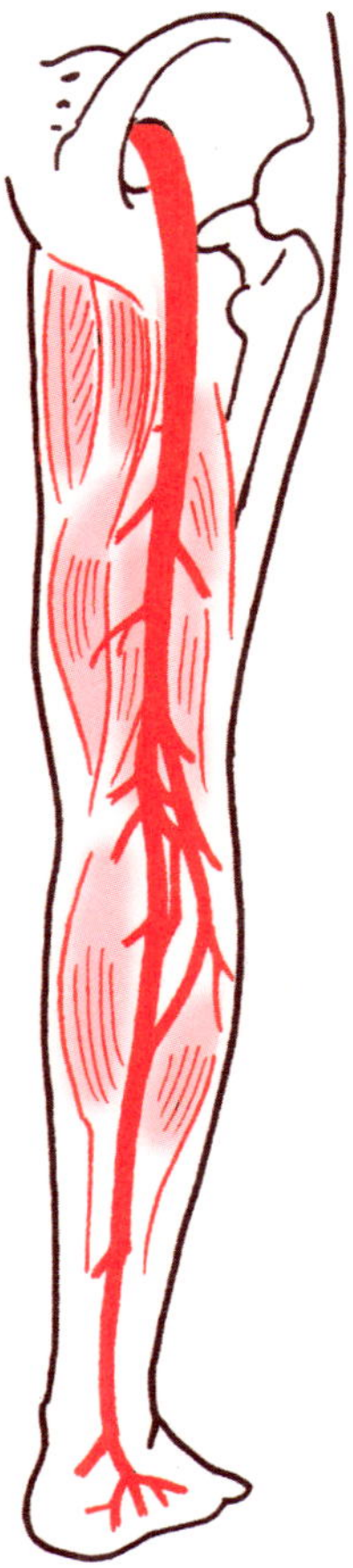

「坐骨回し」が〝いい女〟をつくる！

抗重力筋の連動で「いい女ボディ」へ

動物の世界で異性を選ぶことは、子孫を残すために重要なこと。オスには、本能的に健康で繁殖力のあるメスを見分ける力が備わっているのです。**哺乳類のオスは、メスのお尻でメスを選ぶことが多い**そうです。これは人間でも同じで、男性は女性のお尻に自然と視線を向けてしまうのです。考えてみれば当然といえるでしょう。お尻の形がきれいなら、坐骨にズレがなくて骨盤に歪みもないということ。子宮や卵巣といった女性にしかない臓器が正しく働いているかどうか、お尻を見て推測できるのです

足首に惹かれる男性もいます。これも合理的。**細い足首で体重を支えられるというのは、体に歪みがなく、全身の抗重力筋が発達して連動している証拠**。こういう女性は骨盤も正しくヒップラインもキレイです。

また「坐骨回し」は、更年期から始まる自律神経やホルモンの乱れにも効果的。重力にも年齢にも負けないしなやかなボディをキープできるのです。

体が軽くなって気分も前向きに！

呼吸が深くなり、毎日がポジティブに！

「最近、なんだか疲れやすくなったのは忙しいから？　それとも歳のせい？」と思っていませんか？　いえいえ、その原因は坐骨のズレかもしれません。

坐骨がズレて椎骨のS字カーブが乱れた状態では、体幹をしっかりキープできず、姿勢が悪くなり、疲れが溜まっていきます。上半身の体重をうまく支えられないから、筋肉が硬く緊張してリラックスできないのです。坐骨のズレは呼吸にも影響します。S字カーブが乱れると前首、前肩、猫背になり、肋骨が下がって、肺が圧迫されます。

「坐骨回し」でズレを解消して、椎骨を整えましょう。左右の肺が大きく膨らんで、新鮮な空気をいっぱい吸えるようになっていきます。**しっかり肺に酸素をとり込んだ体は、前向き**です。椎骨のS字カーブが正しくて回旋もなければ、自然に首が真っ直ぐ長くなって、余計な力を使わなくなり体が軽くなるのです。気分も明るくなって、何事にも積極的にとり組めるようになるはずです。

Chapter 6

坐骨がズレる習慣、坐骨が整う習慣

「坐骨座り」なら坐骨は歪まない

「坐骨座り」なら長時間でも疲れない、崩れない

あなたは座ったとき、お腹が出るのを気にしたことはありませんか？

でも、もう大丈夫。「坐骨回し」で左右どちらも水平でなめらかに回せるようになったら、お腹が引っ込んできます。さあ、試してみましょう！

鏡を横において、イスに座わってみてください。姿勢は正しいL字に。背中から腰のラインと太ももが直角で、ひざも直角で足首まで真っ直ぐになっているはず。これが正しい「坐骨座り」です。

せっかく坐骨が正しくなっても、毎日の座り方が間違っていては、もとに戻ってしまいます。イスに腰掛けるときは、いつも「坐骨座り」をしましょう。坐骨への負担が抑えられますから、他の骨や関節もズレたり歪んだりすることもなく、「抗重力筋」もよく働いてくれます。

いまいち「坐骨座り」の感覚がつかめない！　という人は、100ページの「坐骨が

ズレない座り方（イスでお尻歩き）」でいますぐ「坐骨座り」を体得しましょう。

正しい「坐骨座り」を身につけよう

「坐骨座り」ができないという人は、間違った座りグセがついてしまった可能性があります。自己流の座り方を体が強く覚えているために、正しく座ることができないのです。

そこでご紹介したいのが「イスでお尻歩き」。歩くようにお尻を動かすだけで、坐骨を正しい向きと位置に誘導できる方法です。

坐骨を誘導するだけでなく、身についてしまったNGの座り方も修正できます。正しい「坐骨座り」を体に覚えさせるのに最適なのが「イスでお尻歩き」なのです。

寛骨から伸びる「抗重力筋」の大腰筋、小腰筋、腸骨筋といった内寛骨筋（60ページ参照）の働きも高めてくれます。さらに上の「抗重力筋」も連動するようになるから、たとえば、脊柱起立筋が椎骨のS字カーブを整えたり、腹直筋がお腹を引き締めたりするなどの、さまざまな効果もあります。

「坐骨がズレない座り方（イスでお尻歩き）」

28 ページのお尻歩きをイスの上でもできるようにしたものです。正しい「坐骨座り」を体に覚えさせることができます。

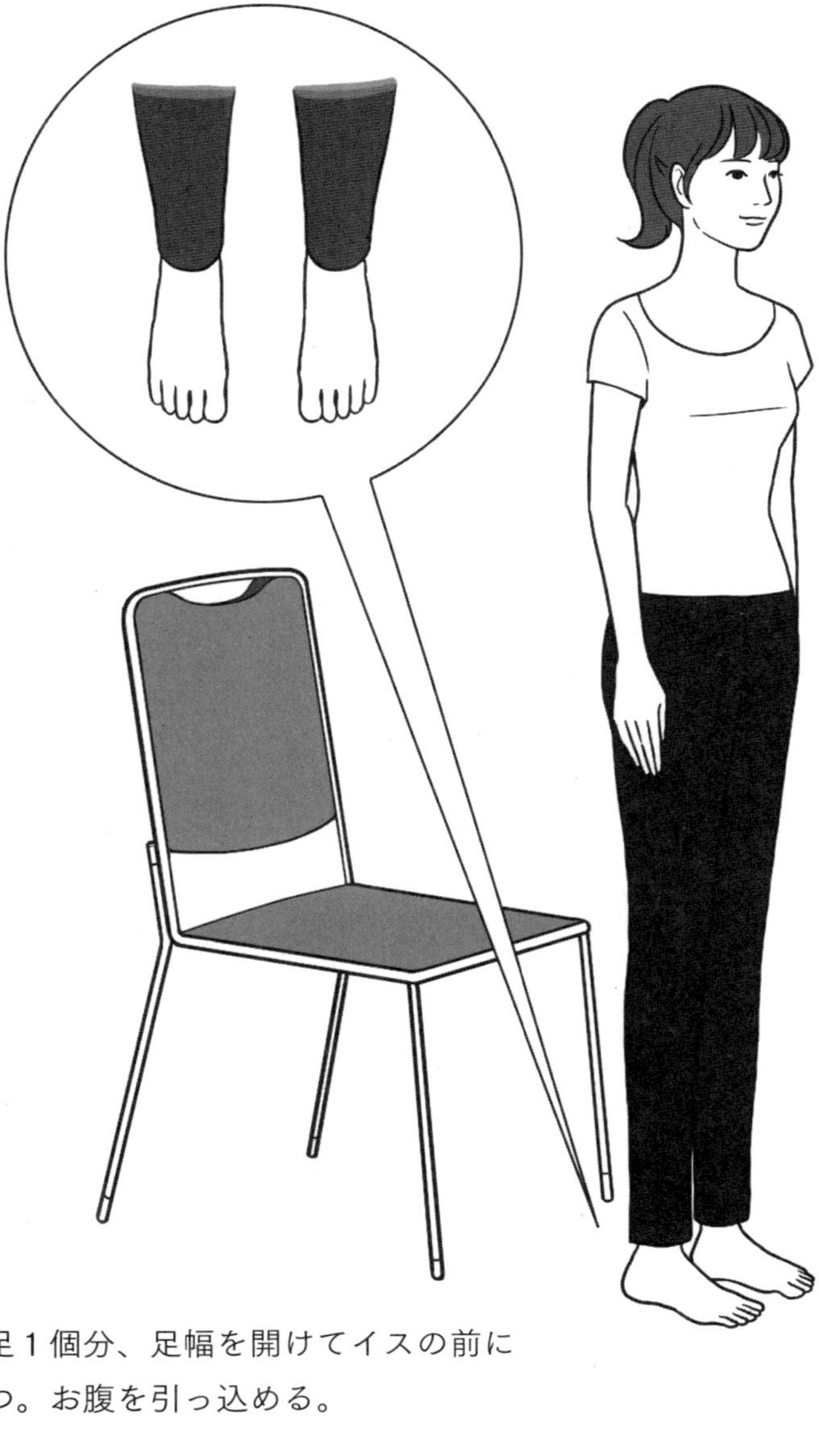

❶足 1 個分、足幅を開けてイスの前に立つ。お腹を引っ込める。

❷振り返ってイスの座面を確認する。イスから離れた位置に立っていると、座るときにズッコケてしまうので注意。

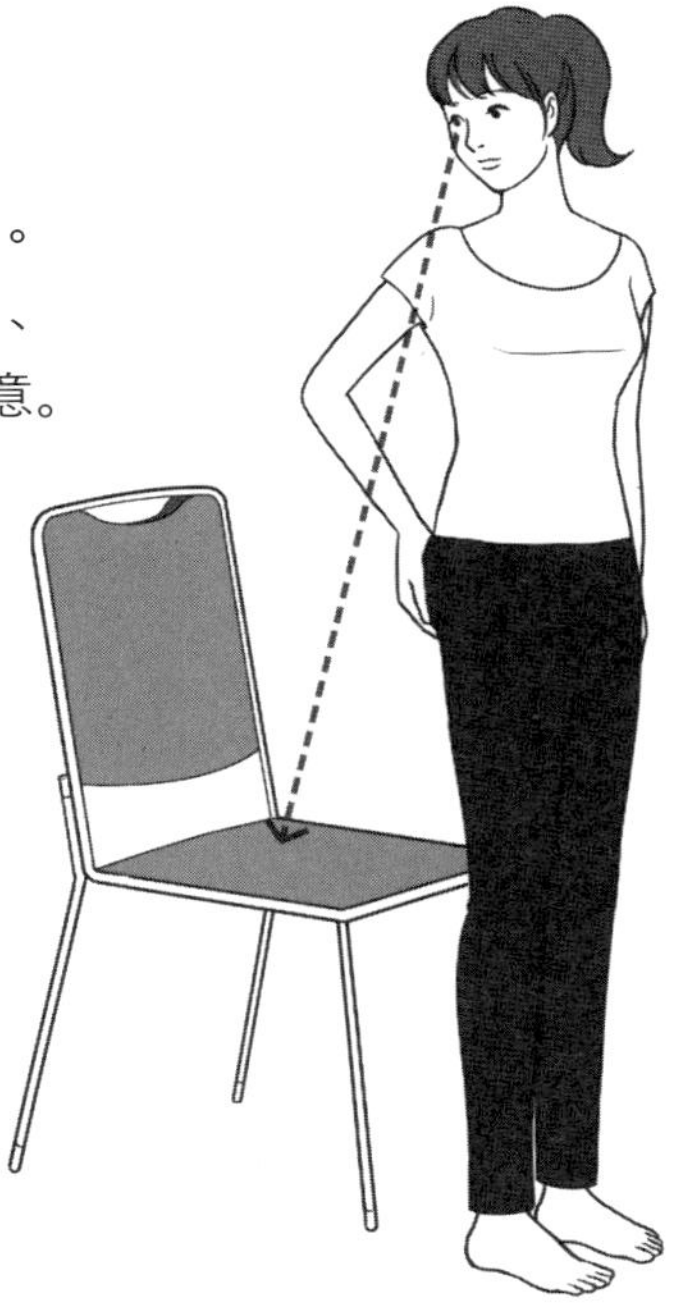

❸振り返ったほうの手で、その手側のお尻の肉を持ち上げる。そのままイスに浅く腰掛ける。イスに腰掛けたら、逆の手で逆側のお尻をつかんで一歩後ろへ。

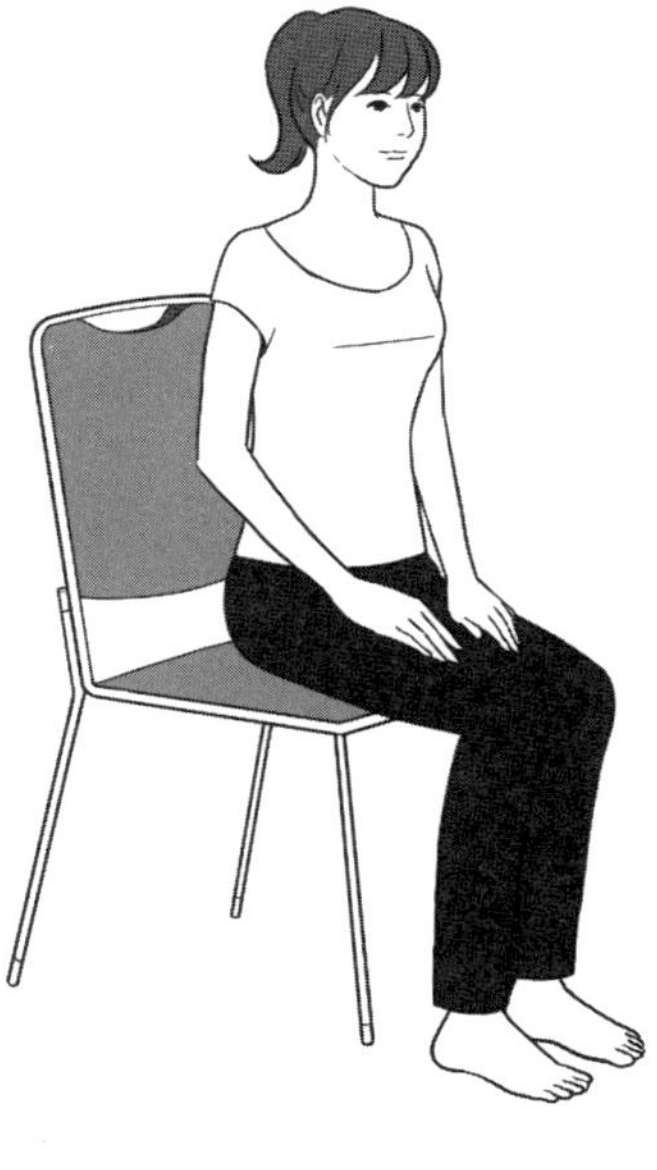

❹また最初のほうの手でお尻をつかんで後ろへ。右左交互に背もたれに触れるまで繰り返したら、お腹も引っ込み坐骨も正しくなっているはず。

90分に1回はお休みしよう

ずっとイスに座っていると、つい背もたれや肘掛けに体を預けたり、片方のお尻を無意識に上げたり、手や肘をついて前のめりになったりしがちです。

これは「坐骨座り」ができていない証拠。**体重がうまく支えられないから疲れてしまい、イスやテーブル、机に頼ってしまう**というわけです。こういうクセは、坐骨のズレを引き起こし、全身を歪ませる原因にもなるので注意しましょう。

何かに寄りかかるのではなく、坐骨を正しく保つ「坐骨座り」をいつも心がけてください。**「抗重力筋」を正しく連動させる「坐骨座り」なら、重力が体に与える負担を最小限にできるから、長く座っていても疲れにくい**のです。

とはいえ、正しい「坐骨座り」でも、重力の負担をゼロにすることは不可能です。「坐骨」や「抗重力筋」を重力から解放してリセットしたほうがいいのです。

個人差はありますが、座り続けていい目安は90分。90分以内に一度は立ち上がって、できれば少し歩いてから、再び「坐骨座り」をし直します。

このとき、左右1セットでいいから「坐骨回し」をすればさらに理想的です。デスクワークの人は、お手洗いに行くついでに「坐骨回し」することを習慣にしてみましょう。

仕事が忙しいといった理由で、どうしても立てない人は、せめて「イスでお尻歩き」（100ページ）をしましょう。坐骨への負担がリセットできます。

他にも避けたほうがいい座り方を挙げておきましょう。

お尻を後ろへ突き出して座る「出っ尻座り」や、逆にお尻が前にズルけている「反り腰座り」。どちらも、坐骨が真っ直ぐにならずに倒れてしまう座り方です。

脚を組んだり、片方の脚だけ前に出すような座り方もダメ。坐骨が左右アンバランスになってしまうからです。

坐骨がズレないイスを選びましょう

使うイスが選べるなら「坐骨座り」しやすいものにするべきです。ポイントは座面と背もたれ。どちらも基本的には、フラットなものがよいのです。

座面が沈みすぎたり、逆に反発が強すぎたりすると坐骨のズレにつながります。平坦なものか、お尻の形を変えない程度に凹むものをチョイスしてください。

背もたれは垂直。リクライニングの角度が深くならないようにします。一見ラクに思えるリクライニングも、やりすぎると坐骨のズレの原因になります。

座面や背もたれが合わず、どうしてもL字になりにくいときは、平らで少し硬めの座布団を敷いたり、腰にクッションを当てたりして調整してください。

床に座るときに気をつけたいこと

イスではなく、床に座るときも、坐骨がズレないように注意。

女性に多い間違いが、脚を抱える「体育座り」や、内股で両膝下を外側に向ける「女の子座り」。なんとなく可愛いイメージがあるためか、とくに若い女性に多く見られます。また、両脚を横に流して「横座り」をする人もいます。

しかし、これらはすべて坐骨のズレを招く悪い座り方。「体育座り」や「女の子座り」だと坐骨が前に傾いたり後ろに傾いたりしやすく、「横座り」は坐骨の左右のズレを引き起こします。セルライトや脂肪も溜まりますから、要注意です。

壁に寄りかかるL字座りがおすすめです

床に座るなら、両脚を平行にそろえて、上半身も真っ直ぐに立てましょう。

おすすめなのが壁を使ってL字をつくること。30ページの「ひざ裏たたき」のように背中と腰を壁にぴったりつけて、お尻の肉を片方ずつ持ち上げて整え、つま先を天井へ向けて座ります。坐骨が整って〝脚うら筋〟や脊柱起立筋などの「抗重力筋」が連動してくれますから、骨や関節への負担も少なく、疲れにくいのです。

壁でL字座り

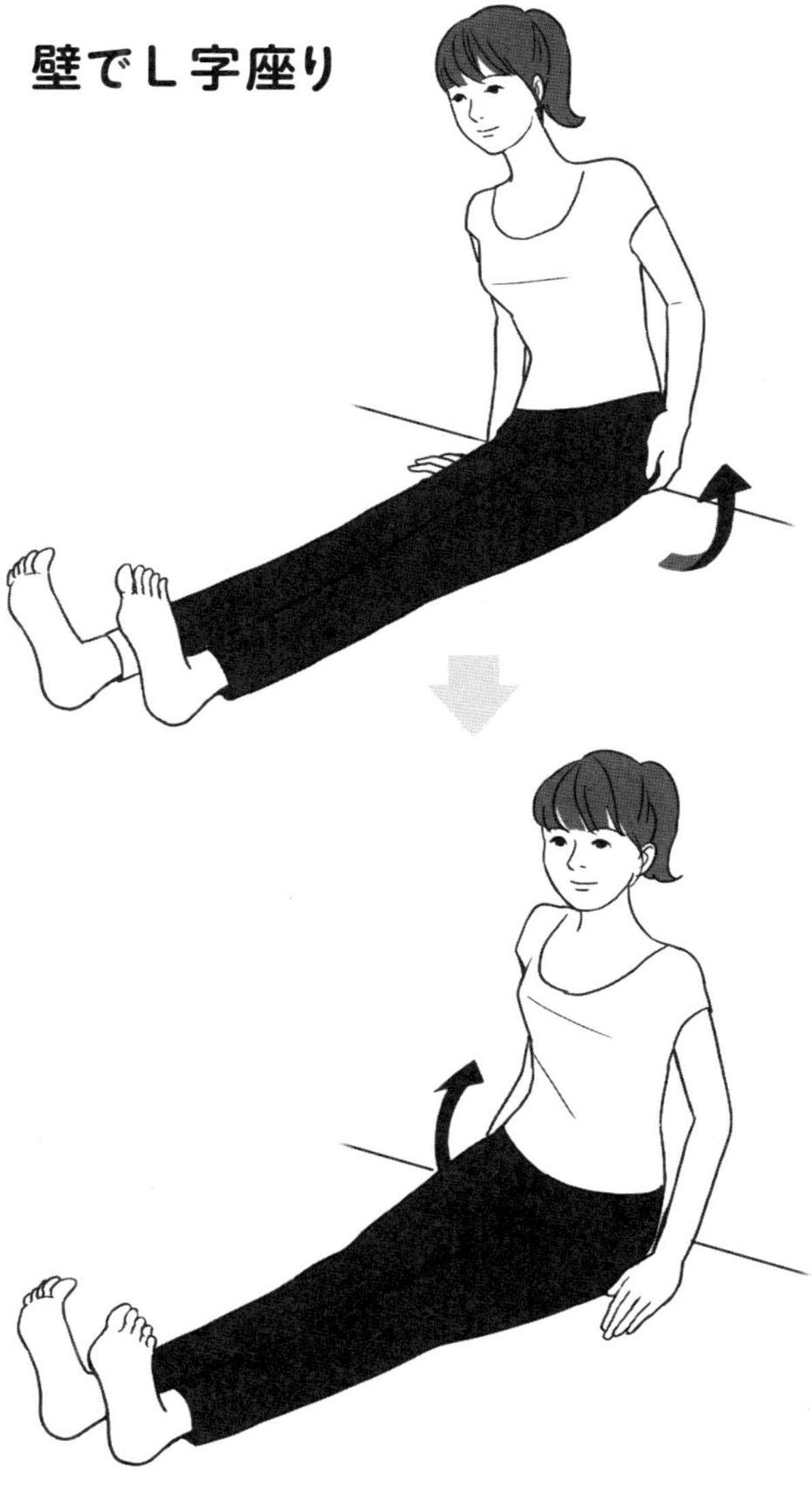

椅子で脚を組むのがダメなように、床でも脚を重ねるのはNG。たとえば、あぐら。両脚が上下にズレると、坐骨も股関節もズレてしまいます。脚を重ねるのではなく、両足の裏をつける「坐骨あぐら」にしましょう。左右の脚の高さがそろうから、坐骨がズレることもありません。

坐骨あぐら

NG

正座のときも足を重ねないことです。足を重ねて座ると、坐骨がズレてしまいますし、足が歪む原因にもなります。そのうえ、足を重ねるよりも、むしろ平行にしたほうが長く座れるのです。クッションなどを挟むようにして正座するとさらにラクに座れます。

坐骨がズレない正座

クッションや座布団で…

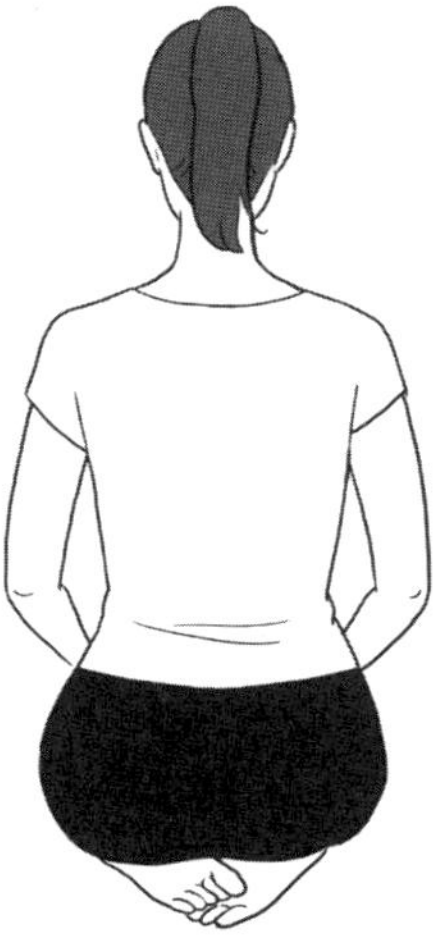

NG

背中、肩、首にはなるべく力を入れない

猫背、前肩、前首にご注意ください

これまでご説明してきたように、坐骨のズレがなくなれば、椎骨のS字カーブが土台から整っていきます。背中や首などの上半身が真っ直ぐで左右シンメトリーになるのに加え、胸骨から鎖骨、肩甲骨も連鎖的に正しくなって「なで肩」にもなります。つまり、坐骨が背中や肩、首のラインをキレイにするのです。

では、この整ったラインを崩すように背中、肩、あるいは首に無理な負荷をかけたら、どうなるでしょうか。

ある程度は「抗重力筋」の連動で耐えることができますが、その限界を越えると、S字カーブが上から崩れていきます。その下にある骨盤や股関節も歪み、坐骨もズレてしまいます。

背中が丸まって肩や首が前に出て猫背になると、必ずS字カーブは上から崩れます。この姿勢を、私は「猫背、前肩、前首の歪み3セット」と呼んでいます。

坐骨を正しく保ちたいなら、できる限り、「猫背、前肩、前首」になるような姿勢をとらないようにしましょう。

たとえば、スマホをずっといじっていると顔が下を向きますから、前首や猫背になりやすくなります。

長時間、背中、肩、首を横に曲げたり、ひねったりするのも、S字カーブを乱します。左右がアンバランスになるからです。長時間見ることの多い、パソコンやテレビがきちんと自分の正面にきているかどうかチェックしましょう。画面は正面、眼の高さにして、長く見続けないことです。

とくにパソコン仕事の多い人は、イスの高さとパソコンの位置が重要です。イスの高さは、自分のひざ下と同じ高さに。パソコンの画面は目線と水平の位置がベストです。またキーボードは、デスクのできるだけ体に近いところに置いて、腕と肩に負担をかけないようにしましょう。

何をするときも「上半身を真っ直ぐ立てて正面向き」が基本です。

頬杖をついたり、体の前で腕を組んだりするのも「猫背、前肩、前首」になりやすいので、やめるべきです。

バッグを持つときは左右持ち替えるようにして！

バッグを持つときは、利き手側しか使わないと、左右アンバランスになります。左右均等になるように持ち替えて調整しましょう。

また、ショルダーバックを持つときは、バックの前底部分に親指以外の４本の指を当てて、体より後ろめに持つと、肩が後ろに引けるのでおすすめです。

斜め掛けのバッグやリュックサックは猫背になりやすく、体への負担が比較的大きいため、できれば毎日使い続けることのないようにしましょう。

親指になるべく力を入れない

女性には親指にあまり力を入れないようにと指導しています。親指は、手の甲から二の腕の外側、背中と硬く固まりがちな筋肉とつながっているため、**親指に力を入れると男性的なマッチョな筋肉になりやすい**のです。

逆に、親指以外の４本の指は、手のひらからうでの内側、胸面へとつながり、女性らしいしなやかな筋肉につながります。**４本の指を意識すると、しぐさも美しくなります。**

よい睡眠で体の歪みをほぐそう！

「寝返り」で、坐骨や全身の歪みを防ぐ

坐骨を正しくするために必要なのが眠ることです。

睡眠には、疲れをとる以外にも重要な役目があります。それは、歪みかけた体を元に戻すこと。

人間は睡眠時に、坐骨をはじめ体のあちこちにできた小さなズレや歪みの兆しを無意識に解消する動作をしています。それが「寝返り」です。

寝ている間に、硬い筋肉を緩めてズレや歪みを防止するのが「寝返り」の目的。だから、寝るときは横向きやうつぶせではなく、〝大の字〟になって眠るのが一番です。

〝大の字〟は、人間の姿勢のうち、もっともリラックスして力が抜けた状態。無意識でも小さな違和感を見つけやすいから、寝返りで修正できるのです。

小さなズレや歪みを「寝返り」で防げば、血管や自律神経も圧迫されることはありません。朝から血流や神経の働きが快調になって、頭も体もすぐに動き出すはずです。

日中の「居眠り」は坐骨によくない習慣です

同じ睡眠でも坐骨によくないのは、イスにもたれたり、机に突っ伏したりする「居眠り」。電車のなかでの居眠りもNGです。勉強机で手枕で居眠りをよくしていたせいで、バストが脇腹にまで歪んだ女性とお会いしたこともあります。

重い頭がコクンと前に倒れる居眠りでは、首まわりの力が抜ける代わりに、そのぶんをほかの場所が補うことになります。背中や腰は、リラックスするどころか、頭の重みで普段よりも緊張しているのです。このような緊張は、胸椎や腰椎、骨盤などのズレや歪みの原因となります。当然、坐骨にもいいはずがありません。

睡眠をコントロールするのは自律神経。活動的な交感神経優位の状態から、鎮静的な副交感神経優位へ替わると、眠くなります。

日中に「居眠り」したくなるのは、このスイッチがうまく働いていないせい。しかも「居眠り」で体が緊張すると神経も圧迫されて、さらに自律神経が働きにくくなります。

眠気を覚えたら「居眠り」しないで、立ち上がって「坐骨回し」をしましょう。坐骨から椎骨までの緊張がとれて、自律神経も復調。眠気も消えていくはずです。

坐骨にいい立ち方、歩き方

坐骨にいい「立ち方」とは？

「坐骨座り」ができるようになったら、立っているときにも坐骨を正しくキープしたいもの。それなら「坐骨にいい立ち方」も、覚えておきましょう。

4章でご説明した「コンパスライン」が整っているのが「坐骨にいい立ち方」。脚が左右均等で「抗重力筋」がしっかり働き、足首から頭まで真っ直ぐ伸びた状態です。

そのために大事なのが左右のバランス。両方の脚がそろっていることです。

片方の脚だけに体重をかけている立ち方では、コンパスラインがアンバランスになっています。これでは坐骨が左右同じにならずに、ズレてしまいます。

どうしても片方に体重をかけるクセが抜けないなら、気づいたときに体重を反対にかけるようにしてみましょう。徐々にバランスが修正されて、悪いクセもなくなっていくはずです。

どちらかの脚だけ前に出したり、脚をクロスさせるのも、バランスが悪くなりますから、やめたほうがいいでしょう。

「かかと重心」で立つことが大事

脚だけでなく、上半身のバランスも大切。「猫背、前肩、前首」や、上半身が横に傾いたりねじれたりしないことです。

そのために、足から姿勢を整えていきます。

左右ともに、つま先、ひざ頭を前に向け、足の裏で地面をしっかり捉えます。

そして「かかと」を意識。**かかと側で体重を支えるのをイメージする「かかと重心」で立つ**のです。こうすることで〝脚うら筋〟が働きやすくなります。

さらに、**ひざ裏、太ももの裏、脚の付け根を伸ばすようにし**ましょう。これらは「抗重力筋」のある場所。「かかと重心」で「ひざ裏」「太もも裏」「脚の付け根」を伸ばせば、〝脚うら筋〟から連動して、全身の抗重力筋が働くのです。

左右の足が正しく「かかと重心」なら、コンパスラインが整います。上半身も「猫背、前肩、前首」になりにくく、顔や全身が左右シンメトリーに。坐骨もズレません。

歩くときは体重を後ろへ残しましょう

歩くのも、原則「かかと重心」です。体重を前にかけず、後ろへ残すようにします。踏み出した足が完全に着地するまで、体重を移動させないこと。横から見て、脚が直角三角形になるのが「坐骨にいい歩き方」です。

ただし、かかとで歩くというのはNGですからここは注意してください。足が着地したら、きちんと足の裏全体を使って地面をけります。

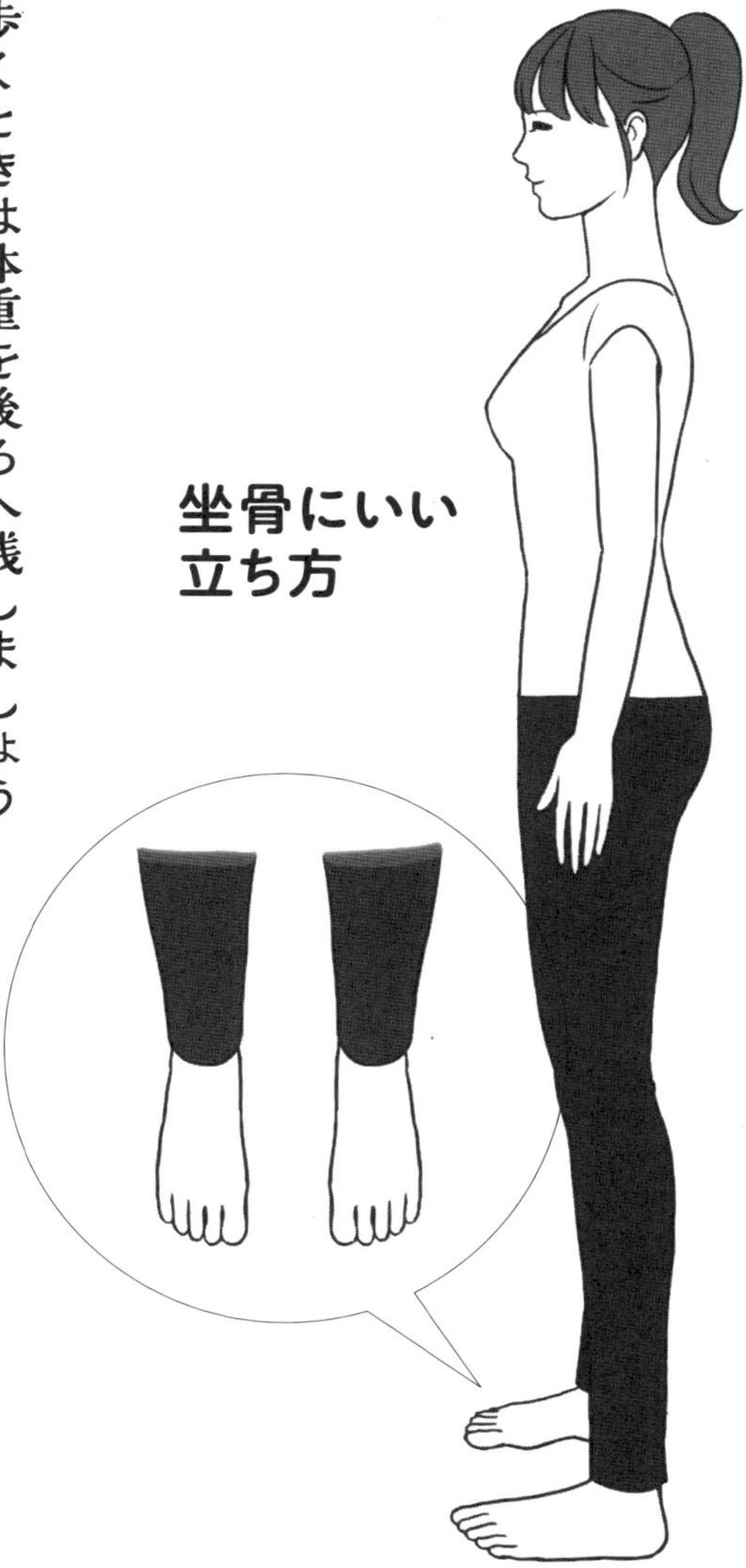

「坐骨にいい歩き方」ができれば、脚は歪まずに「抗重力筋」もしっかり働きます。これは、脚や坐骨だけでなく、全身にいい歩き方なのです。

心臓から遠くて低い足まで流れてきた血液を、再び心臓に戻すには、重力に逆らって血液を送り返す必要があります。この役目をしているのが、関節や筋肉。**脚の関節や筋肉が動くたび、血管も収縮して血液が流れます。これを「脚のポンプ機能」といいます。**もし脚に関節歪みや筋肉の強張りがあると、そこで血流は悪くなります。体をめぐる血液の循環が弱まってしまうのです。

「脚のポンプ機能」を高めるには、歪みや強張りのないように、関節や筋肉を動かすことです。「坐骨にいい歩き方」は「脚のポンプ機能」にもいい歩き方。一歩進むごとに血液が流れて、全身の血行がよくなるのです。

坐骨にいい歩き方

お尻の形を毎日チェックしよう!

観察することが美しいお尻づくりへの近道

お尻の形は坐骨で決まります。

ということは、お尻の形で坐骨の状態も推測できるということ。「坐骨回し」で正しくなった坐骨が再びズレないように見極めるには、お尻の形を観察すればいいのです。

坐骨が正しければ、お尻は「桃尻」です。もし坐骨がズレてきたら「洋ナシ尻」「ピーマン尻」「アンバランス尻」になってきます。

お尻の形が変わってきたら、骨盤の坐骨がズレ始めている証拠。日々の生活を見直して「坐骨にいい習慣」を継続できているか、確かめてください

毎日、鏡でお尻を「2度見」しましょう

お尻のちょっとした変化を見逃さないためには、毎日、鏡でチェックすること。まず

は真横から見ます。体の向きを変えて左右両方から。これを各2回行います。1度で終わらせるのではなく、必ず2セット繰り返すことが大事。1度ではわからない微妙な変化も、2度見すると気づきやすいのです。

続けて、鏡に背を向けてから振り返り、肩越しで後ろ姿をチェックします。お尻が左右アンバランスになっていないか確認するのです。これも右肩越し、左肩越しで、左右両方から。1度ではなく2度見で行います。

お尻を確認するには、手で触るのも有効。高さやハリや硬さは眼で見るよりも触ったほうがわかりやすいからです。

お尻を確認すると女性ホルモンの働きもよくなる！

毎日「坐骨回し」をして、さらに自分の眼と手でお尻を確認していると、女性ホルモンの働きもよくなってくるはず。

「お尻の形が少しずつキレイになってる！」という視覚情報や触覚情報が脳に強く伝わって、脳下垂体の女性ホルモン分泌作用を促すのだと考えられます。

「坐骨回し」とお尻確認の相乗効果で脳を刺激すると、もっと美しくなれるのです。

Chapter 7

「坐骨回し」でこんなにやせた！体験談

1カ月でウエストが9cmもダウン！

鈴木厚子さん（仮名） 34歳

毎日、デスクワークで座りっぱなしのせいでしょうか、仕事が終わると肩や背中、首がガチガチで、お腹もパンパンに張っているような状態に。脚のむくみがひどくて、歩くのもつらくなるほどでした。

なんとかしようと、街のマッサージ屋さんに通ってみたのですが、あまり効果があるとは思えませんでした。

そんな私でも、南先生に教えていただいた「坐骨回し」や「お尻歩き」、「ひざ裏たたき」をしてみたら、すぐに体がラクになったのです。

「これはいいかも！」と思い、1分間のエクササイズを1カ月続けてみたら、脚のむくみがすっかり消えて、軽快に歩けるようになりました。

ウエストやヒップが引き締まって、洋服は9号から7号に。今では、生理痛や冷えも気になりません。

仕事を始める前には、必ず「坐骨座り」をしていますから肩も首も問題なし。もう、お腹が張ることもありません。

	Before		After
バスト	84.6cm	→	85.2cm
ウエスト	72cm	→	63cm
ヒップ	93.7cm	→	90.7cm
太もも	51cm	→	48.3cm

Before

After

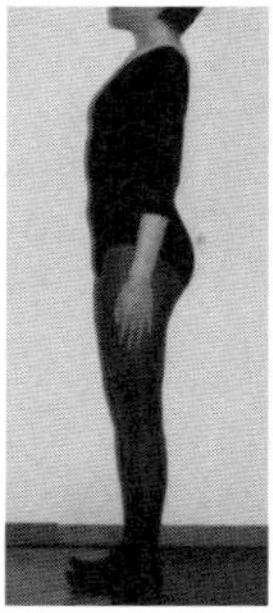

ウエスト－11cm、ヒップ－8cmを達成！

花井さゆりさん（仮名） 18歳

70cmもあるウエストを細くしたかったから、家族に紹介された南先生のサロンに行きました。

「坐骨回し」で身長が伸びるという話を聞いたときに、一瞬、戸惑いました。彼氏の背が低いので、自分の身長が高くなるのがイヤだったんです。

だけど、先生の説明がわかりやすくて、「坐骨回し」で背骨を正しくするとウエストがくびれる……という仕組みが納得できました。

週1回のペースで先生のサロンに行きながら、家では3カ月間「坐骨回し」などのエクササイズをしたら、望んでいた通りの細いウエストになれました。

脚やお尻、背中や首のラインもきれいになって、なんだか顔も小さくなったみたいです。

あと、子どものころから続けていたバレエが、すごく楽しくなりました。体の軸がしっかりして、体が思い通りに動くんです。「坐骨回し」を選んで大正解でした！

	Before	After
バスト	89cm	86cm
ウエスト	71.5cm	60.1cm
ヒップ	96cm	88cm
太もも	51.2cm	47.1cm

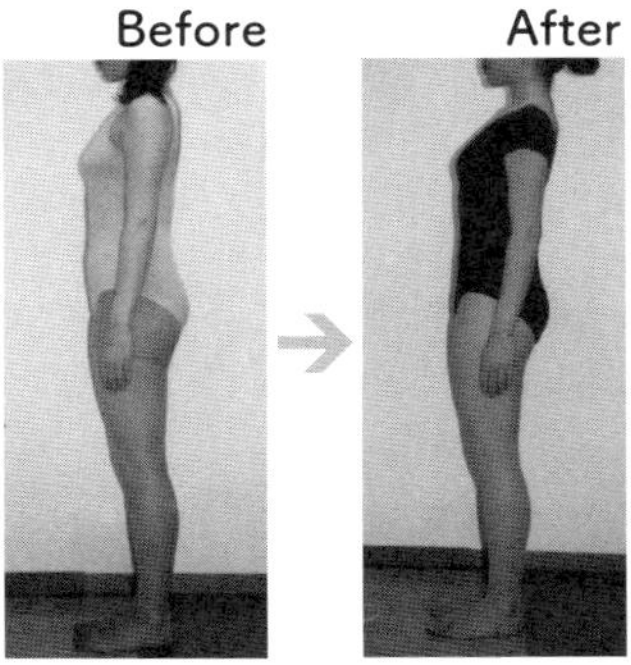

太もも－8cmで気分も明るくなった！

坂井恵子さん（仮名） 31歳

夫の仕事は転勤が多くて、結婚してから何度も引越しをしています。その度に環境が変わるから、新婚生活を楽しむ余裕なんかなくて、ストレスが溜まるばかりでした。

持病の坐骨神経痛で体調も悪くなってしまって気分が落ちていたとき、雑誌で南先生のことを知りました。

そこに書いてあった運動を試したら、ちょっと気持ちが前向きになってきたのです。これは本格的にやってみたいと思って、先生のサロンに行くことにしました。

いろいろな運動を教わりましたが、なかでも私のお気に入りは「坐骨回し」。イヤなストレスが抜けていって、元気になれるからです。「坐骨回し」をすると、体の痛みも和らぐんです。

脚が細くなってお尻も小さくなって、履けなくなっていたジーンズが履けるようになりました。

XO脚とか顔のブツブツみたいにコンプレックスだったところも、どんどんよくなってきています。

	Before		After
バスト	91.2cm	→	87cm
ウエスト	65cm	→	60.2cm
ヒップ	94.7cm	→	89cm
太もも	57cm	→	48.2cm

Before

After

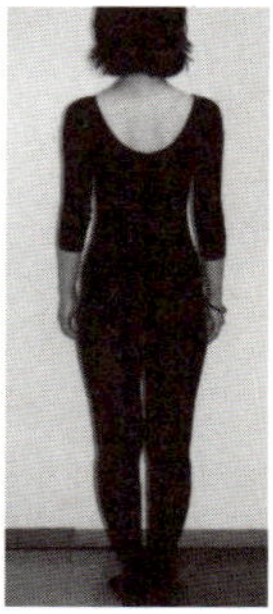

ウエスト－12cmで全身の歪みが改善!!

山下律子さん（仮名） 48歳

南先生の本を２冊読んで、どうしても直に指導をしていただきたくなり、サロンにうかがいました。

初回のカウンセリングでは、肩の高さが左右で違う、ひざが曲がっている、腰に負担が集中して下がっていることなど、たくさんのズレや歪みがあるのがわかりました。

「どれも坐骨を正しくすれば自然に解決する」ということでしたので「ひざ裏たたき」「お尻たたき」「お尻歩き」で下半身をほぐしてから「坐骨回し」を実行しました。

だんだんと坐骨の正しい位置がわかってくると、肩の高さが同じになってきました。ひざも腰も真っ直ぐになりお尻が上がったのが実感できます。

体が真っ直ぐだからでしょうか。長く歩いてもあまり疲れません。あっという間に体重が4kg減って、お腹もへこみ、主人に「ヤセた」と言われるようになったのです。

ずっとダイエットに失敗していたのに、「坐骨」を正しくするだけで、すぐに効果が出るなんて、本当に不思議です。

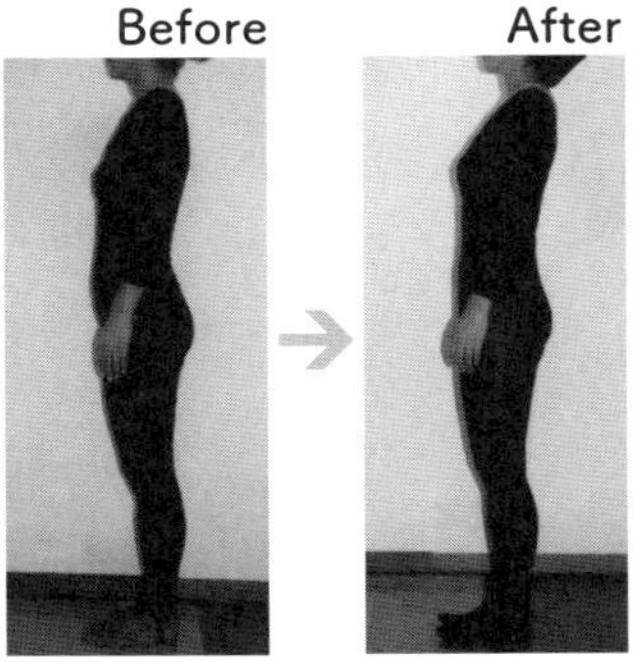

	Before	After
バスト	90.1cm	87.3cm
ウエスト	73cm	61cm
ヒップ	98.6cm	93cm
太もも	62.9cm	59.2cm

太ももが10cm以上ヤセて全身キレイに!!

神田さよさん（仮名） 28歳

南先生に「坐骨回し」を習ってからは、まるで別人みたいにボディラインがキレイになりました。日々、自分の体が変わっていくのが楽しいから、今もずっと続けています。

「坐骨回し」を知らなかったころは、上半身に肉がないのに下半身はお尻が目立って太くブヨブヨ。肩のラインは男子みたいで、脚も曲がっていたんです。

エステとかにも行きましたが脚もお尻も細くならないし、上下でシルエットが全然違うから、ぴったりくるコーディネイトが見つからなくて、いつも困ってました。

「坐骨回し」を覚えてからは、脚も真っ直ぐに細くなって、お尻も小さくなりました。

モリモリしていた肩も女っぽくなって、フェイスラインもシャープになった気がします。

上下のバランスがよくなったから、いろんな服が似合うようにもなり、コーデの幅が広がりました。

	Before	After
バスト	83.4cm	85.1cm
ウエスト	60.1cm	58cm
ヒップ	97.8cm	90.3cm
太もも	59.1cm	48.2cm

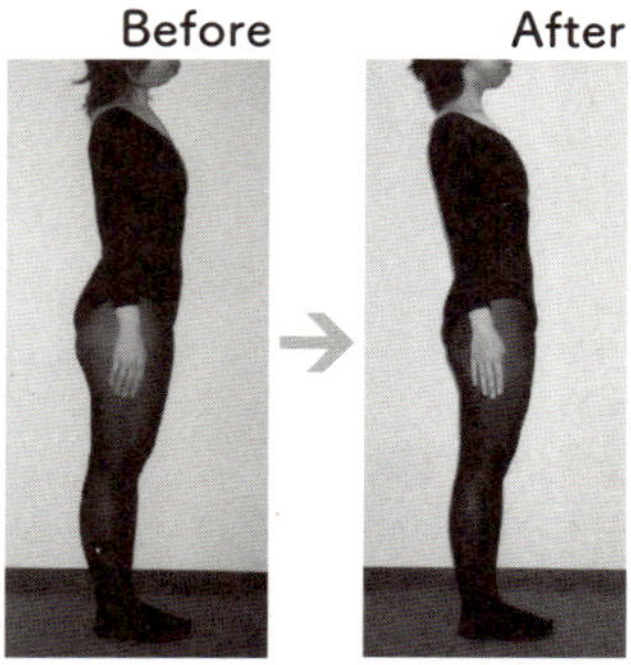

下半身がスリムになり洋服選びも変化！

辻あい子さん（仮名） 30歳

学生のときから下半身が太めでした。

ゆるふわ系のファッションで体型を隠してましたけど、密かにダイエットもしていたんです。ジムにも行ってみたし、ウォーキングもしてみたけど、全然ダメ。そんな私を変えてくれたのが南先生と「坐骨回し」です。

一番の悩みは四角いお尻でした。生まれつき形が悪いんだと、半ば諦めていましたが、南先生に「お尻の形は変わりますよ」と言われて、やる気が出てきたんです。

「坐骨回し」をやってみたら、実際にお尻の形が丸くなって驚きました。

太ももが9cm近く、ウエストも8cmくらい細くなりました。脚が長く見えるようにもなって、流行のパンツスタイルにチャレンジする勇気も湧いてきました。

以前はショップの店員さんにパンツをすすめられても「いいです……」と断っていた私が、今では自分から「試着できますか？」と聞けるようになったんです。

	Before	After
バスト	83cm	84.2cm
ウエスト	66.7cm	58.4cm
ヒップ	90.2cm	89cm
太もも	52.3cm	43.7cm

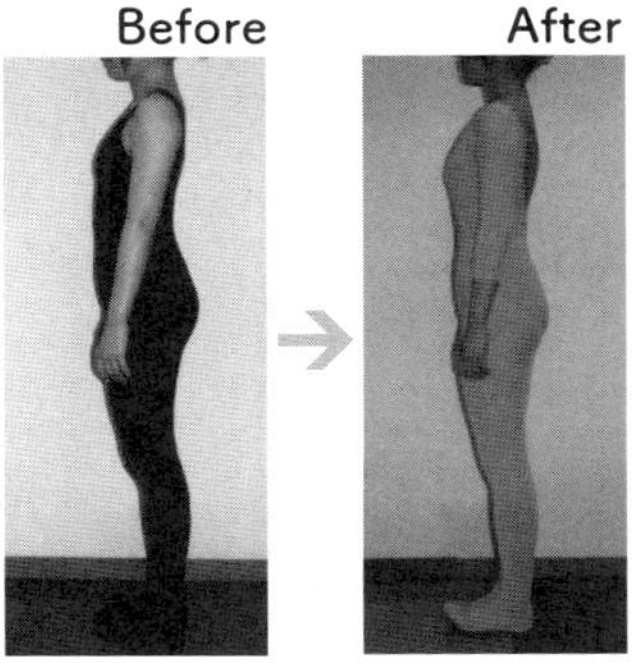

あとがき

本書でご紹介しているエクササイズはすべて、私が主宰する「整体エステGAIA」オリジナルの「ガイアメソッド」に基づいています。

「ガイアメソッド」は〝抗重力筋〟や骨、血液、リンパ、神経、ホルモンにアプローチして、健康で美しいボディを維持する「自力整体」です。人間の進化してきたプロセスにも着目し、体のメカニズムを最大限に生かせるプログラムになっています。

ここで人間の進化についてお話させてください。

地球上で「直立二足歩行」するのは人間だけです。カンガルーやペンギンのような二本脚で歩く動物も、よく見るとひざは必ず曲がっています。人間なら子どもでもする「直立二足歩行」は、骨格とそれをサポートする〝抗重力筋〟が、絶妙なバランスでないと不可能な動作。進化の結果、人間だけが手に入れた、驚くべき能力なのです。

この「直立二足歩行」能力を使って、人類は数十万、あるいは数百万年の間、生き延びてきました。まだ狩りをしていた時代、遠くを見渡して獲物の群れを見つけ、長い距離を歩いて追いかけていくことができる能力が、生存のためには欠かせなかったことでしょう。整った骨格と正しく働く〝抗重力筋〟を持っている人ほど長生きできて、子孫を残したい異性をも引きつけていたはずです。

人類が進化してきた歴史を考えると、正しい骨格と〝抗重力筋〟を持つ体は、パワフルで疲れないだけでなく、健康で、美しく魅力的でもあるということなのです。

ところが、今は体を使って生きる時代から、頭脳を使って生きる時代です。真っ直ぐ立って歩き続ける能力よりも、じっと座っている能力で生き残る時代ともいえます。「座る」という動作が、美容にも健康にもマイナスであることは、この本をお読みになったみなさんなら、おわかりのはず。生きるためにがんばって座り続けている人ほど、美容も健康も損ねてしまうという、不幸な時代なのかもしれません。

でも、人体には「坐骨」があります。しかも、素晴らしく進化した人体には、「坐骨座り」を可能にする骨格と〝抗重力筋〟によるメカニズムが備わっているのです。このメカニズムを正しく働かせれば、疲れない「坐骨座り」が自然にできて、美しく健康的な体になっていくのです。

あなたも「坐骨座り」できる体を手に入れて、「ガイアメソッド」の効果を実感していただければ幸いです。

南　雅子

南 雅子
（みなみ まさこ）

1949年北海道生まれ。美容家。カイロプラクティック・整体師。整体エステ「ガイア」主宰。現在、オリジナルに開発した「姿勢矯正」や「ストレッチ」など健康で機能的な身体づくりのための施術・指導を行っている。12万人以上を変えた実績と３カ月で完璧に身体を仕上げるプログラムは各業界からつねに高い評価を得ている。整体エステ協会を設立し、エクササイズスクールを開講。プロ育成なども手掛ける。著書に『股関節１分ダイエット』『小顔のしくみ』『背が高くなる椎関節ストレッチ』（すべて小社）など多数。

整体エステ「ガイア」
http://www.gaia-body.com/

イラスト（カバー・本文）……栗生ゑゐこ
イラスト（本文）……池田須香子
ブックデザイン……orangebird
編集協力……Office彩蔵

たった１分《ぶん》「坐骨回《ざこつまわ》し」で下半身《かはんしん》からやせる！

2015年 8月10日　第１刷

著　　者　南《みなみ》　雅子《まさこ》

発 行 者　小澤源太郎

責任編集　株式会社 プライム涌光

電話　編集部　03(3203)2850

発行所　株式会社 青春出版社

東京都新宿区若松町12番1号〒162-0056
振替番号　00190-7-98602
電話　営業部　03(3207)1916

印　刷　大日本印刷　　製　本　大口製本

万一、落丁、乱丁がありました節は、お取りかえします。

ISBN978-4-413-11143-0 C0077